L'Après-Charlie

Ivry-sur-Seine, 2015
ISBN : 978-2-7082-4332-3
www.editionsatelier.com
www.twitter.com/ateliereditions
facebook.com/editionsatelier

1, avenue du Futuroscope – Téléport 1
CS 80158 – 86961 Futuroscope Cedex
www.reseau-canope.fr
ISBN : 978-2-240-03847-0

Jean-Louis Bianco,
Lylia Bouzar,
Samuel Grzybowski

L'Après-Charlie

Vingt questions pour en débattre sans tabou

RESEAU-CANOPE.FR
CANOPÉ
LE RÉSEAU DE CRÉATION
ET D'ACCOMPAGNEMENT PÉDAGOGIQUES

LES EDITIONS DE L'ATELIER
51-55, rue Hoche
94200 Ivry-sur-Seine

Introduction

Les attentats des 7 et 9 janvier 2015 contre la rédaction de *Charlie Hebdo* puis contre l'Hyper Casher de la porte de Vincennes, à Paris, ainsi que le meurtre d'une policière à Montrouge le 8 janvier, ont suscité une immense vague d'émotion dans tout le pays. Les marches républicaines des 10 et 11 janvier, organisées un peu partout en France, en ont été l'illustration. Quatre millions de personnes environ, de tous âges, de toutes origines, de toutes confessions et de toutes opinions politiques ont ainsi défilé ensemble pour dire « non » au terrorisme et à la peur, « oui » à la liberté, à l'égalité et à la fraternité.

Passée l'émotion, que reste-t-il de « l'esprit du 11 janvier » ? La polémique a-t-elle pris le pas sur l'unité ? Dès les premiers jours qui ont suivi les attentats et tandis que le slogan « Je suis Charlie » s'affichait un peu partout, des premières critiques ont été formulées sur son sens et, peu à peu, des thèses complotistes sur le déroulement des événements ont été relayées sur Internet. Des franges de l'opinion publique ont exprimé une hostilité à l'égard des Français de confession musulmane en les assimilant aux terroristes. Le débat public, souvent caricatural, a alors parfois donné l'impression que la société française se divisait en deux : ceux qui étaient « Charlie » et ceux qui ne l'étaient pas.

Ces réactions ont été celles d'une partie des jeunes. En cours, entre amis ou sur les réseaux sociaux, les commentaires ont été nombreux et les avis les plus divers – parfois les plus invraisemblables – ont été émis. Face à cette situation, parents, professeurs, éducateurs et jeunes ne savent pas toujours comment réagir et quelles réponses donner à des interrogations parfois légitimes et recouvrant de multiples champs.

Pour ne pas laisser s'installer plus de confusion, nous voulons y répondre, posément et sans tabou. Nous avons commencé par laisser la parole à ces jeunes, rencontrés dans différentes villes françaises. Nous comprenons certains de leurs points de vue, d'autres non. Mais tous ont leur place dans ce livre, afin d'éviter les non-dits. Nous y répondons ensuite tous les trois, chacun à notre manière : avec nos mots, au regard de notre expérience ou de nos convictions respectives.

Le choix des questions qui sont posées dans cet ouvrage est le fruit d'une concertation entre trois regards. D'abord, un regard politique sur les grandes questions qui ont traversé le débat public et médiatique pendant les trois dernières semaines de janvier. Ensuite, un regard numérique de veille sur Internet pour faire émerger les grandes questions traitées et débattues sur Twitter et les réseaux sociaux. Enfin, un regard associatif, celui de l'association Coexister, partenaire de la publication, qui a sondé les jeunes adhérents de son mouvement, âgés de quinze à trente-cinq ans et qui se posent parfois certaines des questions que nous traitons ici sans tabou.

À chacune des questions, nos trois réponses sont précédées de trois citations de lycéens. Ceux-ci ont pour point commun d'avoir déjà participé à un atelier de sensibilisation animé par Coexister sur la laïcité, les préjugés ou le fait religieux. Contactés par le mouvement interconvictionnel des jeunes par le biais de Twitter, ils ont accepté de répondre aux questions posées dans l'ouvrage. Ils sont une quinzaine à s'être prêtés au jeu. Nous n'avons gardé que les réponses les plus significatives. Il nous paraît important de témoigner que nous avons été surpris par le caractère parfois policé des réponses de ces lycéens. Nous nous attendions à davantage de dureté ou d'incompréhension. Nous savons d'ailleurs que certains des jeunes interrogés tiennent auprès de leurs amis des propos bien plus durs que ceux qu'ils partagent ici. Nous croyons que cela réside dans le fait qu'ils aient été écoutés. La parole qui leur est donnée modère d'elle-même leur propos. La raison et le sentiment de responsabilité prennent le dessus sur l'émotion et l'impulsion lorsqu'un lycéen se sent entendu et interrogé pour ce qu'il croit.

Nous avons choisi de répondre à vingt questions réparties en cinq chapitres. Le premier est consacré à la notion même de « liberté d'expression ». Les réactions de soutien à *Charlie Hebdo* et la condamnation des propos ouvertement antisémites de Dieudonné ont pu laisser croire à certains que cette liberté ne s'appliquait pas de la même manière selon que l'on critiquait l'islam ou le judaïsme. Ce sentiment a pris une telle ampleur qu'il est absolument nécessaire de montrer les errements et confusions sur lesquels il repose.

Depuis janvier, les commentaires ont également été nombreux autour de ce que l'on pourrait appeler l'« indignation à géométrie variable », tant il est vrai que la vague de soutien aux victimes des attentats parisiens a pu donner le sentiment que les victimes occidentales intéressaient davantage que celles de l'autre côté de la Méditerranée. Ces questions sont évidemment légitimes. Elles font l'objet du deuxième chapitre.

Une troisième série d'interrogations revient sur l'une des causes principales du malaise des jeunes : les discriminations dont souffrent certaines populations. Les discriminations existent et doivent toutes être combattues. La République française repose sur la volonté d'assurer à tous ses citoyens les mêmes droits et les mêmes devoirs.

Dans le quatrième chapitre, nous répondons aux questions qui reposent sur les théories du complot. De telles théories ne sont pas nouvelles mais, concernant les attentats des 7 et 9 janvier, elles ont pris une telle audience que nous avons choisi de les analyser et d'y répondre aussi catégoriquement que possible, parce que toutes reposent sur une vision du monde fantasmée et dangereuse.

Enfin, dans le cinquième chapitre, nous revenons sur l'un des principes républicains les plus constamment évoqués depuis les attentats : celui de la laïcité. C'est une notion parfois détournée par l'extrême droite et souvent mal interprétée. Il est donc nécessaire d'expliquer exactement ce qu'elle signifie, d'autant que les questions des jeunes sur ce sujet sont extrêmement nombreuses.

Nous n'entendons pas clore le débat mais susciter le dialogue entre citoyens de tous âges et de tous horizons, aborder sereinement les questions surgies des attentats de janvier pour éviter insinuations et mensonges. Nous sommes convaincus qu'un débat citoyen peut s'ouvrir pour penser l'après-Charlie et le vivre-ensemble. Un débat qui ne peut se passer de la parole des jeunes.

PARTIE 1

La liberté d'expression. Pas pour tous ? Ce qu'autorise et ce que n'autorise pas la liberté d'expression

Est-on obligé de dire « Je suis Charlie » ?

« Non, car les représentations de Charlie Hebdo *ne sont pas du goût de tout le monde, et ce n'est pas parce qu'il y a eu un tel événement qu'on devrait se reconnaître en eux. Ceux qui disent être Charlie parce qu'il y a eu des morts, je les respecte, mais personnellement je ne me sens pas Charlie. »*

Majda, 18 ans

« Oui, je pense que lorsqu'un pays est attaqué comme le nôtre l'a été, il faut que nous soyons tous unis. Le "Je suis Charlie" a permis de rassembler des gens extrêmement différents autour d'un même slogan. Et puis, dire qu'on est Charlie, ça ne veut pas dire qu'on est d'accord avec le journal, on a le droit de le critiquer. Ça veut juste dire qu'on soutient les victimes. »

Manon, 16 ans

« Je ne me sens pas obligé de dire "Je suis Charlie" aujourd'hui. Certes, les attaques qu'ils ont subies ont été horribles mais au-delà de l'attentat, je n'ai jamais été d'accord avec leurs caricatures. Mais je suis conscient que le "Je suis Charlie" peut aussi être la forme d'un soutien aux victimes. »

Yanis, 16 ans

▶ Lylia Bouzar

Pour décider si l'on est obligé de « se sentir Charlie », il faut déjà définir ce que cela signifie... Majda ne se reconnaît pas en ce slogan parce que les dessins « ne sont pas du goût de tout le monde ». Manon et Yanis estiment que c'est une façon de rassembler tous ceux qui soutiennent les victimes, et peu importe si l'on aime leurs dessins...

Leur débat ne concerne pas le fond mais la forme. « Je suis Charlie » veut-il dire que je suis contre le terrorisme, contre l'assassinat ? Est-ce un moyen d'affirmer que nous sommes tous solidaires de la perte de vies humaines ? Ou au contraire, « Je suis Charlie » signifie-t-il que je suis d'accord avec la ligne éditoriale de *Charlie Hebdo*, et plus spécialement avec les caricatures de Mahomet ?

Cela n'est pas si facile... Dans les débats télévisés, vous pouvez avoir le sentiment qu'il faut apprécier les caricatures pour être Charlie. Pourtant, « être Charlie » est un slogan que chacun peut définir de manière différente : je peux être blessé(e) par les caricatures et me sentir Charlie car je soutiens la liberté d'expression... Je peux revendiquer être Charlie pour marquer ma solidarité avec tous ceux qui se mobilisent contre le terrorisme...

Beaucoup ont eu le sentiment que « devenir Charlie » les empêchait de critiquer le contenu de *Charlie Hebdo*. C'est dans cette logique, comme Majda, que certains ont finalement affirmé qu'ils ne l'étaient pas.

Des professeurs et des éducateurs ont aussi exprimé leur malaise face au sentiment de se voir imposer une seule définition et un seul type de soutien à Charlie. Ils auraient préféré permettre une complexité d'opinions, de définitions et de positionnements... Dans un tel moment de déchirure nationale, il est important de lever les malentendus et les sentiments des uns et des autres afin de les unir autour de la lutte commune : non aux assassinats et au terrorisme !

► Jean-Louis Bianco

Bien sûr, on peut ne pas être « Charlie » ! Cela fait partie de la liberté d'opinion. De fait, le slogan « Je suis Charlie » a créé une confusion chez nombre de nos concitoyens. En le proclamant sur des affiches, des badges, sur Internet, il ne s'agissait pas de se revendiquer du journal *Charlie Hebdo*, mais d'affirmer sa révolte contre la barbarie terroriste. Il s'agissait d'affirmer sa solidarité, non pas avec une ligne éditoriale, mais avec tous ceux qui subissent le terrorisme. « Je suis Charlie » signifiait, comme les autres slogans – « Je suis Ahmed », « Je suis Franck » (noms des policiers assassinés) –, notre refus de voir la barbarie l'emporter sur les valeurs républicaines.

On peut toujours être en désaccord avec ce journal satirique, ne pas l'aimer et se sentir insulté par certains dessins. On peut même saisir la justice si l'on considère que certains d'entre eux incitent à la haine.

Mais ce slogan n'a pas été expliqué, d'où la confusion qui l'a entouré. Dès lors, il n'est pas choquant que certains jeunes, ne comprenant pas pourquoi ils devraient obligatoirement soutenir un journal qui avait pu les heurter quelques années auparavant, disent ne pas se sentir « Charlie ».

▶ Samuel Grzybowski

Personne n'est obligé de dire « Je suis Charlie ». D'ailleurs, avec Coexister, le mouvement interreligieux dont je fais partie, nous ne l'avons pas dit, laissant à chacun le droit de le dire ou non. Spontanément, j'imagine que ceux qui disaient « Je suis Charlie » pouvaient penser au président américain John Fitzgerald Kennedy qui, en visite en Allemagne en 1963, avait dit face au mur séparant Berlin-Est et Berlin-Ouest : « Je suis un Berlinois. » C'était beau. Il est évident que certaines accusations sur l'utilisation du slogan « Charlie » ont été relativement abusives. C'est particulièrement vrai pour ceux qui considèrent que la formule revient à cautionner tout ce que disait le journal. Pour ceux qui disaient « Je suis Charlie », il n'y avait pas nécessairement de caution de toute la ligne éditoriale. À titre personnel, en tant que militant associatif, je n'ai pas déclaré « Je suis Charlie » et c'est mon choix. Je ne le revendique pas pour tous mais je l'assume pour moi.

J'ai pris cette décision pour trois raisons. D'abord, je ne peux m'empêcher de penser aux victimes qui ne sont pas « Charlie ». Je sais bien encore une fois que les « Charlie » n'ont pas oublié ces victimes, mais j'avais vraiment envie d'être à la fois « Charlie, flic et juif » après le 11 janvier. Ensuite, j'ai du mal avec les grands slogans uniques car je trouve que cela ne favorise pas la réflexion. J'ai vu d'ailleurs des gens heurtés par ce rouleau compresseur et cette omniprésence du « Charlie » jusque sur les panneaux de signalisation du périphérique parisien indiquant « Nous sommes tous Charlie ». Et puis enfin, l'édito du *Charlie Hebdo* après l'attentat m'a définitivement convaincu de ne pas être « Charlie ». Fidèles à eux-mêmes, ils ont critiqué et accusé une bonne partie des « Charlie » d'être des hypocrites, des lâches et des menteurs. Je comprends leur attitude polémiste, mais j'étais bien content en lisant cela de ne pas me faire insulter par le journal.

Où est le mal quand Dieudonné déclare : « Je suis Charlie Coulibaly [1] » ?

« Charlie représente les victimes et Coulibaly le terrorisme, donc associer ces deux noms est irrespectueux envers les victimes et leurs familles. Cela porte aussi préjudice à la famille Coulibaly et aux personnes qui portent ce nom car elles peuvent être victimes de moqueries, ou pire, être mal vues. »

Achrafy, 16 ans

« Je pense que certains ont dit qu'ils étaient Charlie Coulibaly sans savoir. Je suis allé voir le hashtag sur Twitter et j'ai vu que la plupart des tweets avec cette mention étaient en fait des tweets de critiques. Maintenant, ceux qui le pensent vraiment et qui soutiennent les terroristes, il faut les punir et c'est bien d'agir vite. »

Laure, 17 ans

« Le mal dans cette affaire est dû au temps. Dieudonné a prononcé cette phrase beaucoup trop tôt et il est normal que certaines personnes trouvent que ces propos soient choquants. Et même, la phrase en elle-même est assez complexe mais je laisse la justice dire s'il a le droit de prononcer ces mots ou pas. »

Yanis, 16 ans

---

1. Nom de l'auteur de l'attentat de l'Hyper Casher porte de Vincennes et meurtrier de la policière de Villejuif. Dieudonné a twitté cette phrase au lendemain de l'attentat.

▶ Lylia Bouzar

Comme le soulignent Achrafy, Laure et Yanis, affirmer que l'on est « Charlie Coulibaly » peut être fait au nom d'une crise d'adolescence plus ou moins passagère, d'un manque de conscience collective ou politique ou d'un besoin de se rendre intéressant(e). Quelles que soient les motivations, on ne peut pas le valider comme un propos banal. Les mots ont un sens. En l'occurrence, comme le dit Achrafy, associer dans une même formule les victimes et les assassins n'est pas possible.

Lorsque l'on fait un commentaire oral ou sur Internet, dans un journal ou sur un réseau social, on n'échappe pas à la loi que nul n'est censé ignorer. Une erreur, une bêtise, une ignorance peut avoir des conséquences judiciaires. C'est aussi cela, l'apprentissage de la vie collective, des droits et des devoirs de chacun.

Lorsque Dieudonné publie pour la première fois ce commentaire, conscient de l'impact qu'il peut avoir auprès de certains jeunes qui s'interrogent sur l'existence ou pas de conspirations ou mensonges d'État, il effectue un acte d'apologie de crimes terroristes. Rappelons que Jean-Marie Le Pen a également pu être condamné pour un délit semblable lors de ses déclarations de 1987 sur les chambres à gaz des camps nazis qui seraient, selon lui, « un détail de l'histoire » de la Seconde Guerre mondiale. Chaque mot a un sens et mal nommer les choses ajoute au malheur du monde, comme l'écrivait Albert Camus.

▶ Jean-Louis Bianco

La justice a estimé que les propos de Dieudonné constituaient une « apologie du terrorisme ». Accoler dans une même phrase un soutien aux victimes des attentats et le nom d'un des terroristes qui a participé à leur exécution constitue une provocation délibérée. Dieudonné savait parfaitement ce qu'il risquait en twittant cette phrase et il l'a fait dans une volonté de polémique. D'une part, cette affirmation est insultante envers les familles des victimes ; d'autre part, elle est volontairement ambiguë et laisse penser que l'auteur soutient les terroristes. Dieudonné est très suivi sur Twitter et a donc une responsabilité quant au choix des mots. Des jeunes ont retweeté sa phrase sans toujours prendre conscience du poids de ces déclarations. Mais heureusement, ce slogan n'a finalement été que peu repris.

▶ Samuel Grzybowski

On ne peut pas tout dire au nom de l'humour. Comme certains l'ont justement rappelé pour critiquer *Charlie Hebdo*, la liberté d'expression a des limites. Cette limite, c'est l'apologie du terrorisme et de la violence. *Charlie Hebdo* n'a jamais outrepassé cette règle. Ils n'ont jamais présenté une quelconque complicité ou complaisance à l'égard de la violence terroriste. S'identifier à « Charlie Coulibaly », c'est afficher ostensiblement une solidarité à l'égard d'Amedy Coulibaly. À quinze ans, il peut arriver que l'on tienne ce type de discours à la sortie des cours, avec ses amis, par esprit de provocation, pour braver les interdits. Ce qui ne signifie pas pour autant qu'on a le droit de dire n'importe quoi. Mais quand on a l'audience qui est celle de Dieudonné, on ne peut pas soutenir une chose pareille. On doit être responsable et réfléchir aux conséquences de ses actes. La justice a été saisie à son endroit. Ayons confiance en elle. C'est maintenant à elle de statuer et elle le fera.

Pourquoi la liberté d'expression pour les caricaturistes et les interdictions pour certains humoristes ?

« Les journalistes sont très malins. Par exemple, les dessins de Charlie Hebdo *sont moins vus comme racistes car ils ne disent rien ; ce sont les gens qui en font leur interprétation, alors que les paroles d'humoristes sont plus directes, plus concrètes, et donc plus facilement critiquables. »*

Maeva, 16 ans

« C'est complètement différent pour moi. Une caricature, c'est de l'art parce que c'est un dessin ; il y a donc une distance. Si l'on parle de Dieudonné, par exemple, son engagement humoristique est aussi politique et il y a donc des limites. En même temps, je ne comprends pas pourquoi Dieudonné est tant brimé. Est-ce qu'il est vraiment antisémite ? »

Camille, 18 ans

« La liberté d'expression est assez bien garantie en France. Après, c'est vrai que dans ces attaques ce ne sont pas les caricaturistes qui ont été visés mais plus la liberté d'expression, et les dessinateurs de Charlie Hebdo *ont déjà été plusieurs fois devant les tribunaux à cause de leurs dessins. Donc je ne pense pas que la liberté d'expression soit à géométrie variable. Si l'on sort de l'humour pour rentrer dans la haine, on doit être condamné. »*

Yanis, 16 ans

▶ Lylia Bouzar

La limite juridique vient d'être formulée par Yanis. Un droit fondamental – la liberté d'expression – ne peut pas être invoqué pour faire passer des opinions, conscientes ou inconscientes, qui relèvent de délits punis par la loi française : incitation à la haine, à la discrimination, négation des crimes contre l'humanité, apologie des actes terroristes, racisme, diffamation, insultes, etc. Le juge compétent est responsable d'apprécier chaque litige au cas par cas. Et c'est bien la difficulté.

Pour y voir plus clair, prenons l'exemple de la publication des caricatures de Mahomet dans les colonnes du journal *Charlie Hebdo* en 2006.

À l'époque, des caricaturistes danois publient des dessins mettant en scène le prophète Mahomet pour répondre à une situation de crispation aux Pays-Bas, suite à l'assassinat par des terroristes d'un réalisateur nommé Théo Van Gogh en 2004 [2]. Au nom du droit de rire de tous les sujets, plusieurs journaux français publient ces caricatures et les collaborateurs de *Charlie Hebdo* en dessinent plusieurs autres.

De nombreux citoyens de confession musulmane se sentent alors heurtés au nom de deux principes :

– la représentation de Mahomet, qui est interdite dans les textes sacrés musulmans et qui équivaut, pour beaucoup, à un blasphème ;

---

2. Le 2 novembre 2004, Théo Van Gogh est assassiné à Amsterdam. Ses films et déclarations étaient ouvertement hostiles à l'islam et certains de ses propos avait heurté l'opinion par leur dureté.

– la mise en scène dans certains dessins d'un prophète qui ne semble pas être séparé des courants terroristes car il porte (par exemple) une bombe dans son turban. Cela équivaut pour certains à une stigmatisation de l'ensemble des musulmans, qui seraient des terroristes en puissance. C'est ainsi que le Conseil français du culte musulman (CFCM) a intenté une action en justice à l'époque.

Quelles réponses ont été données ?

L'interdiction du blasphème n'existe pas en France. Blasphémer n'est donc pas un délit. Cela fait partie des droits reliés à la liberté de pensée, de conviction et d'expression de tout un chacun. Si les propos, écrits ou dessins blessent, charge alors de vérifier si la publication véhicule d'autres éléments que la simple critique ou la volonté de faire rire. Dans le cas de l'affaire *Charlie Hebdo*, le tribunal a estimé qu'il n'y avait pas d'appel à la haine dans les dessins publiés.

Par contre, le journal *Valeurs actuelles* a été condamné à payer de nombreuses fois des amendes pour des « unes » jugées stigmatisantes à l'égard d'une partie de la population ou appelant à la haine d'autrui.

C'est la même chose dans le cadre des différentes affaires Dieudonné. Certains de ses propos, vidéos, spectacles ou écrits peuvent véhiculer des incitations à la haine et sont alors passibles de sanctions pénales. Par exemple, nier le fait que six millions de Juifs ont été exterminés par les nazis pendant la Seconde Guerre mondiale est un délit pénal de négation.

En définitive, la liberté d'expression est un droit si important et si durement gagné au fil de l'histoire qu'il ne peut pas être acceptable que des personnes l'usurpent pour faire passer leurs idées haineuses ou diffamatoires.

▶ Jean-Louis Bianco

La France défend la liberté d'expression mais celle-ci comporte des limites. Si la loi française ne punit pas la critique des idées ou des symboles, elle sanctionne l'injure, la diffamation et la provocation à la haine raciale, à la discrimination ou à la violence envers des personnes ou des groupes, ainsi que l'apologie du terrorisme. Cela ne signifie pas pour autant que la justice partage nécessairement les opinions exprimées par ceux dont elle assure la liberté d'expression. Il revient simplement au juge de décider si cette liberté d'expression s'est bien exercée dans les limites prévues par la loi. *Charlie Hebdo* a fait l'objet de nombreux procès, intentés par des groupes ou associations de tous horizons, et a parfois été condamné. Dieudonné a également été poursuivi en justice. Parfois, il a été relaxé. Mais il a été condamné à plusieurs reprises par la justice pour diffamation, injure et provocation à la haine et à la discrimination raciale. La justice a interdit la tenue de certains de ses spectacles parce qu'elle a jugé qu'ils contenaient des propos incitant à la haine raciale et faisant l'apologie des discriminations, persécutions et exterminations perpétrées contre les Juifs, les Tziganes ou les homosexuels au cours de la Seconde Guerre mondiale. Dans le cas des caricaturistes, les mêmes règles s'appliquent et si un journal publiait un dessin qui nierait l'extermination des Juifs, par exemple, il serait tenu d'en répondre devant la justice.

▶ **Samuel Grzybowski**

Certains journalistes ont aussi vu leur liberté d'expression limitée par la justice. Éric Zemmour, par exemple, a été condamné en février 2011 pour provocation à la haine raciale. Avec Coexister, j'ai pris part à la plainte déposée contre le magazine *Valeurs actuelles* pour une première de couverture incitant à la haine. Il s'agissait du numéro du 26 septembre 2013 titrant, sous une photo de femme voilée, « L'invasion qu'on nous cache ». La liberté d'expression est encadrée pour tous, journalistes et humoristes. Du côté des humoristes, je pense à Gad Elmaleh qui ne s'est pas gêné pour se moquer de toutes les religions. Il a bien eu le droit de le faire. Au contraire, c'est parce que Dieudonné incitait à la haine des Juifs qu'il a été puni. La nuance est là : on peut rire d'un groupe, mais non appeler à la haine de celui-ci. Dieudonné ne veut pas faire rire : il véhicule un message politique haineux.

Pourquoi toute la presse fait-elle la leçon aux musulmans ?

« C'est vraiment triste ce qui s'est passé et j'ai été très touché, mais les musulmans n'ont pas à s'excuser pour un acte qu'ils n'ont pas commis. Je ne suis pas d'accord avec la pression que mettent les médias sur la communauté musulmane. Nous sommes aussi français et j'ai l'impression qu'ils nous montrent du doigt et nous différencient des Français non musulmans. »

Abd-Al-Aziz, 17 ans

« La presse reflète le point de vue des gens en général. Les médias doivent se vendre. Les gens ont peur de l'islam et des musulmans. Par conséquent, la presse doit faire pareil pour exister. Je me dis que si la presse s'intéresse aux musulmans, c'est plutôt bon signe parce qu'elle s'intéresse aux minorités. Après, les musulmans n'ont pas à s'excuser pour ce qu'ils n'ont pas fait. Ce n'est pas une association avec un président, l'islam. C'est une immense religion. »

Augustin, 19 ans

« Parce que les musulmans sont "à la mode" en ce moment, on en parle souvent dans les médias pour les diaboliser car les gens, pour la plupart, ne comprennent pas l'islam. C'est facile de vendre des journaux en parlant de terroristes, même s'ils existent, c'est vrai. Mais les actes de quelques personnes ne doivent pas inclure tous les musulmans de France. »

Yanis, 16 ans

▶ Lylia Bouzar

Abd-Al-Aziz, Augustin ou Yanis ressentent qu'il existe un emballement médiatique sur les sujets d'actualité et l'islam est souvent associé, en tant que religion, aux événements tragiques que le monde entier traverse. Ils ont le sentiment qu'une certaine diabolisation est banalisée et qu'une pression s'installe envers les musulmans, qui sont confondus avec les terroristes.

Dans ce contexte, beaucoup de musulman(e)s se sont interrogés sur la posture à adopter face à ces actualités répétitives.

À Londres comme à Paris, un mouvement appelé « *not in my name*/pas en mon nom » a émergé. Des jeunes hommes ou femmes musulman(e)s de tout âge, tout parcours, toute apparence se photographient devant une pancarte qui relaie le slogan et affichent ainsi leur opposition aux exactions menées par les terroristes au nom d'un islam manipulé.

Pour certains, c'est avant tout un acte d'engagement citoyen qui permet de lutter contre la stigmatisation de tous les musulmans. Pour d'autres, cela relève d'une obligation de se justifier, qui révèle que la stigmatisation existe déjà... Certaines voix ont dénoncé ce sentiment d'être assigné à se justifier, comme s'il y avait deux catégories de citoyens : d'un côté, les Français et, de l'autre, les Français de confession musulmane...

▶ Jean-Louis Bianco

Nous vivons dans une société de « l'immédiateté », renforcée par Internet et les réseaux sociaux. Les médias traditionnels veulent créer le « buzz » et ont ainsi malheureusement tendance à alimenter les polémiques. On l'a vu avec l'affaire « de la jupe longue » où une élève a été exclue de son lycée parce que le proviseur considérait qu'elle affirmait son appartenance à l'islam. « Nouvelle fracture à l'école », n'a pas hésité à titrer *Le Monde* le 30 avril dernier pour un débat portant sur la longueur et la couleur de cette jupe.

Les journalistes, soumis à la dictature de l'urgence, n'ont plus le temps de prendre le recul nécessaire à l'analyse de leur sujet. Lorsque les médias évoquent l'islam, ils se tournent vers les personnalités les plus médiatiques et parfois les plus polémiques, sans aller à la rencontre de Français de confession musulmane, eux-mêmes très divers. En effet, il n'y a pas de communauté musulmane unique et homogène. Aucune « communauté » ne peut être rendue collectivement responsable d'un acte dont seuls sont coupables quelques individus devenus fous. Ce n'est pas aux « musulmans » de se « désolidariser » du terrorisme, mais à l'ensemble des Français, qu'ils soient musulmans, chrétiens, juifs, bouddhistes, agnostiques ou athées, de dire « non » à la barbarie. C'est ce qu'ont fait les Français le 11 janvier dernier en manifestant partout dans le pays.

▶ Samuel Grzybowski

Je comprends ce que dit Yanis. Je suis très gêné par le traitement médiatique de l'islam en France. Un petit signe d'espoir récemment : un édito du *Monde* essayait de dépeindre à quel point il était difficile d'être musulman en France en ce moment. Je ne suis absolument pas d'accord pour accuser les médias de tous les maux de notre société. Ils sont souvent pris comme boucs émissaires eux aussi. Je crois simplement qu'il faut veiller à être des citoyens attentifs et à développer notre esprit critique. L'attention que les médias portent à l'islam est relativement récente. Il y a beaucoup de difficultés à en parler correctement. Je pense aussi que notre pays, qui n'est pas capable de traiter du fait religieux dans l'enseignement laïc à l'école, crée un vide de connaissance sur l'islam, son histoire et sa place en Europe. Je pense que les citoyens français musulmans doivent continuer à se faire entendre, à prendre la parole, à écrire des tribunes, à se faire connaître sur Twitter. Ce sont eux qui doivent donner une juste image de l'islam et d'eux-mêmes.

Les non-musulmans, sans tomber dans l'ingérence, doivent accompagner ce mouvement et comprendre une bonne fois pour toute qu'il ne s'agit pas de parler *des autres*, mais de parler *avec* eux, comme nous le disons souvent au sein de l'association Coexister.

PARTIE 2

L'INDIGNATION À GÉOMÉTRIE VARIABLE ?

Pourquoi des millions de personnes ont-elles marché contre l'assassinat de 17 personnes en France et n'en ont pas fait de même pour la Syrie où 200 000 autres ont été tuées par une dictature ?

« La France est un pays révolutionnaire, démocratique et très combattant pour ses droits et pour la liberté d'expression. Cette marche ne m'a pas intéressé parce que je trouve choquant qu'on invite le Premier ministre israélien, qui gouverne un pays qui tue des innocents. C'est peut-être aller trop loin mais pour moi, c'était comme avoir un terroriste à cette marche. »

Majda, 18 ans

« Je ne trouve pas ça normal, c'est clair. Mais en même temps, on marche pour ses compatriotes ou pour son propre pays. En défilant le 11 janvier, je marchais aussi parce que je me sentais menacé. C'était mon pays qui était touché. J'avoue que je ne me sens pas trop concerné par la Syrie, c'est tellement loin et je n'y comprends rien. »

Nicolas, 16 ans

« Parce que la situation en Syrie n'est pas la même qu'en France. Là-bas, c'est une guerre, et heureusement on n'a pas de guerre en France mais il y a des gens qui ont montré

du soutien pour les Syriens. Pas beaucoup, mais il y en a. Après c'est vrai qu'on doit les aider un peu plus et ça c'est à chacun de le faire. »

Christian, 16 ans

▶ Lylia Bouzar

Majda, Nicolas et Christian ont du mal à distinguer les actes d'un dictateur (le président syrien, Bachar al-Assad), le non-respect de traités internationaux par un chef de gouvernement (le Premier ministre israélien, Benyamin Netanyahou) et les actes de barbarie du terrorisme (les intégristes qui ont commis les attentats en se revendiquant d'Al-Qaïda et de Daesh également appelé l'État islamique). La mort de civils innocents constitue le point commun de ces trois situations... C'est pour cette raison qu'elles sont ainsi comparées, au risque de semer la confusion.

Leurs commentaires montrent qu'il faudrait mieux identifier chaque situation afin de mieux combattre l'injustice et le non-respect du droit qu'elle révèle. C'est d'autant plus important que toutes les personnes qui ne respectent pas les droits de l'Homme prétendent réparer une injustice. Par exemple, les terroristes qui embrigadent les jeunes leur font croire qu'ils doivent s'engager dans leurs troupes en Syrie pour défendre les Syriens persécutés par Bachar al-Assad. En réalité, ceux qui sont partis se sont aperçus que les terroristes tuaient tous ceux qui ne faisaient pas allégeance à leur chef, celui qui s'est proclamé le « nouveau calife » de la Terre du Levant (Terre du Sham, en arabe), qui comprend notamment la Syrie et l'Irak. Dans le même temps, Bachar al-Assad prétend massacrer son peuple pour se défendre des terroristes ! Chacun reproche à l'autre de ne pas respecter les droits de l'Homme et ne les respecte pas à son tour !

Pourquoi l'indignation mondiale contre les attentats de Paris et presque rien contre l'assassinat de 200 personnes par Boko Haram au Nigéria quelques jours plus tard ?

« Parce que ça s'est passé en France, et la France est un pays qui pèse à l'échelle internationale. C'est moins "banal" chez nous, car on n'a pas l'habitude de vivre ce genre de drames. »

Achrafy, 16 ans

« J'avais entendu cette histoire. Je l'ai vu sur ma page d'accueil Facebook. Peut-être que les nations sont surprises quand ça se passe en France ? C'est très mauvais signe parce qu'on a une excellente sécurité. Quand ça se passe ailleurs, c'est triste mais on banalise. En Afrique, le terrorisme est plus "banal" qu'en France. Il faut aussi lutter contre mais c'est plus dur. »

Thomas, 18 ans

« Les gens étaient encore choqués de ce qui s'était passé à Paris, du coup on était plus "centrés" sur nous et je pense qu'on devrait aider les Nigérians à combattre Boko Haram si ces gens les assassinent à cause d'une idéologie. »

Christian, 16 ans

▶ Lylia Bouzar

Lorsqu'un drame se produit en France, un mouvement national se met en place. Lorsque les drames se produisent ailleurs, cela émeut moins. Ce constat est vrai.

Ce qui ne nous frappe pas de plein fouet a moins d'emprise et d'impact. On peut être attristé, solidaire par la pensée ou l'action humanitaire, en colère et manifester pour de grandes causes auxquelles on croit. Mais cela n'est pas comparable avec le vécu réel et la proximité physique d'un événement.

Lorsque *Charlie Hebdo* et l'Hyper Casher ont été attaqués, la France l'a été également. Comme pour les États-Unis le 11 septembre 2001, on s'est souvenu que cela ne se passait pas seulement à la télévision ou chez nos voisins. Tout le monde peut être concerné : des randonneurs dans les montagnes de l'Algérie, des étudiants au Kenya, des touristes en Tunisie, des caricaturistes en France, des croyants au Yémen, des civils (femmes et enfants y compris) en Syrie et en Irak.

Un enjeu est aujourd'hui important : c'est la prise de conscience que la menace terroriste est un drame contre lequel tout le monde doit se battre, quels que soient sa nationalité, son lieu de résidence ou ses convictions, pour ne pas les laisser « rapter » encore plus de vies et de consciences. Toutes les vies ont la même valeur, et nulle ne vaut plus qu'une autre...

Pourquoi ce silence sur l'assassinat et la persécution par des bouddhistes fondamentalistes des musulmans de la province de Rohingya en Birmanie ?

« Les médias ne montrent pas toutes les réalités. Ils se concentrent essentiellement sur ce qui ce passe dans le pays. De plus, les musulmans sont critiqués et surveillés encore plus depuis les attentats du 11 septembre 2001, donc ils ne montrent pas que les musulmans sont eux aussi persécutés comme en Birmanie, mais véhiculent plutôt une image d'eux en tant que personnes qui persécutent. »

Maeva, 16 ans

« Je n'étais même pas au courant. C'est quoi les Rohingyas ? »

Manon, 16 ans

« Ce qui se passe en Birmanie est vraiment très grave. C'est un peu comme au Rwanda, c'est un vrai génocide. Je ne comprends pas pourquoi personne n'en parle en France. »

Christian, 16 ans

▶ Lylia Bouzar

Maeva, Manon et Christian ont le sentiment qu'il existe un « deux poids, deux mesures » dans ce qui provoque un engouement sociétal et médiatique. Est-ce qu'on ne parle des musulmans que lorsqu'ils sont coupables ? Ne peuvent-ils jamais être victimes, même lorsqu'ils subissent une sanglante répression de masse comme en Birmanie ? C'est un bon exemple qui montre le poids des représentations dans le débat public lorsqu'il est question de telle ou telle catégorie de la population... Au fur et à mesure de l'histoire, les préjugés sur « les Noirs », « les Juifs », « les musulmans », « les femmes », « les homosexuels » se forgent. Ces préjugés peuvent être positifs ou négatifs : « les Noirs » sont bons en sport mais arrivent toujours en retard ; « les Juifs » ont plein d'argent et dirigent le monde ; « les femmes » sont douées dans les relations sociales ; « les homosexuels » sont prédestinés aux métiers artistiques ; « les musulmans » sont violents par nature... Cela revient à réduire des individus à la façon dont on perçoit certaines facettes de leur identité. On généralise, on ne les laisse pas se définir par eux-mêmes. Dès lors, quand tel ou tel individu ne correspond pas au schéma que l'on s'était fait de lui, on le rejette, on ne le voit plus et on ne l'entend plus. « Les musulmans » sont forcément ceux qui exterminent ; ils ne peuvent être exterminés... En est-on là dans le poids des clichés ? C'est pourtant la théorie des nazis et des terroristes que de penser que certains êtres humains ne sont pas nos semblables... Cela s'appelle le processus de déshumanisation : pour mieux les exterminer, on part du principe que l'on n'a rien de commun avec eux... Alors,

Maeva et Christian ont raison de nous alerter : les médias doivent être attentifs à relater et dénoncer tous les massacres de la même façon. Les uns ne valent pas plus que les autres.

▶ Jean-Louis Bianco

Aucune vie ne vaut plus qu'une autre. Mais si la mobilisation a été si grande le 11 janvier dernier, c'est parce que le peuple français s'est senti directement touché. Ce sont nos concitoyens qui ont été assassinés – des journalistes, des policiers, des Français de confession juive – dans un pays qui, pourtant, est en paix. Les Français ont compris que les terroristes voulaient instaurer un climat de peur. Ils ont voulu s'unir pour combattre cette peur en se rassemblant par-delà leurs religions, leurs couleurs de peau, leurs diversités culturelles ou sociales.

Bien sûr, nous ne devons pas rester insensibles à ce qui se passe à l'étranger, dans des pays en guerre, bien au contraire. Cela vaut également pour les drames récents en Méditerranée. Nos représentants et nos gouvernants ont un mandat du peuple pour agir et apporter toute l'aide nécessaire à ces populations en détresse. Les médias n'en parlent sans doute pas suffisamment. Mais tout citoyen ou tout groupe peut agir pour donner de l'écho à des situations qui lui semblent insupportables ou méconnues, comme c'est le cas de Manon, qui ignorait l'existence des Rohingyas. Par exemple, en avril dernier, un hommage a été rendu par les enseignants et les étudiants de la Sorbonne à leurs homologues de l'université kenyane de Garissa, où avait eu lieu l'attaque terroriste du 2 avril 2015.

▶ Samuel Grzybowski

L'association Coexister rend visite à environ deux écoles par jour en France. À titre personnel, je m'y rends environ une fois par semaine. Je dois dire que ces trois questions font partie de celles qui nous sont le plus régulièrement posées. Je trouve cela encourageant car cela veut dire que la France porte en elle des enfants exigeants. Nous demandons à notre démocratie de rendre hommage aux opprimés du monde entier. Nous l'espérons de tout cœur, mais cela est-il possible pour autant ? On peut aisément comprendre que les victimes de notre propre nation nous émeuvent davantage que les autres. Je crois qu'il n'y a rien de choquant à cela. Quand un membre de votre famille meurt, vous êtes nécessairement plus atteint que s'il s'agit d'un inconnu ou d'une vague connaissance. C'est la proximité qui veut cela.

En revanche, il y a là encore besoin d'un vrai sens critique. On utilise l'adjectif « islamique » davantage pour décrire le terrorisme que pour parler des victimes. Or les musulmans sont non seulement les premières victimes du terrorisme à l'échelle mondiale mais ils subissent en plus dans certains pays un véritable massacre en continue. Je comprends le malaise suscité par cette réalité. Il est nécessaire de faire connaître tous les drames. Je crois que lorsque l'on parle de la Syrie, de la Birmanie, du Nigéria et du Kenya il faut entamer un « dialogue des mémoires » plutôt qu'une « concurrence des mémoires ». Nos pages Facebook sont de vrais lieux de partage. Pensons à partager une information multiple et variée. Il faut que les musulmans parlent de la Shoah et se rendent à Auschwitz. Et qu'en même temps, les Juifs parlent du génocide bosniaque et se rendent à Srebrenica. Il ne s'agit pas de comparer mais plutôt d'avoir le souci de l'autre et des autres. Chaque pays, communauté et groupe vit ou a vécu des moments douloureux. Alors, parlons-en, et ne faisons l'impasse sur aucun drame.

PARTIE 3

Les discriminations. Si loin des valeurs proclamées de la République

À quoi cela sert-il de se réclamer des valeurs de la République – liberté, égalité, fraternité – si l'on ne se mobilise pas vraiment contre les discriminations que subissent les jeunes des quartiers populaires ?

« Je pense que c'est la France qui applique mal l'idée de République, et si elle n'arrive pas à lutter contre les inégalités et la discrimination dont sont victimes les jeunes de quartiers c'est parce que l'État ne lutte pas assez pour les réduire. Les jeunes sont tellement habitués à vivre avec ces inégalités que je pense qu'eux-mêmes ne se rendent pas compte de l'écart qui les sépare des milieux plus aisés. »

Abd-Al-Aziz, 17 ans

« Je crois que très peu de gens savent qu'il y a une discrimination permanente et cachée face aux jeunes de banlieues. Moi, j'ai grandi dans Paris, et j'étais au collège dans le 6e arrondissement. Puis je suis parti au lycée dans le 93 et j'ai vraiment compris le problème. La discrimination n'est pas que raciale par contre ; elle est surtout sociale je crois. »

Augustin, 17 ans

« Pas à grand-chose car on laisse de côté les plus défavorisés qui eux aussi ont droit aux principes d'égalité et de

solidarité pour qu'ils puissent s'intégrer et ne plus être rejetés. C'est alors que nous pourrons revendiquer ces principes de la République. »

Thomas, 17 ans

▶ Lylia Bouzar

La France a de très beaux textes juridiques et de belles devises. Le triptyque républicain est fort : « liberté, égalité, fraternité ». Les mots sont précis. Les droits et les devoirs qu'ils portent sont fondamentaux. Mais leur connaissance et leur compréhension sont parfois floues et fluctuantes.

Pourtant, le sentiment existe que la République n'applique pas vraiment ses engagements. Augustin émet d'ailleurs l'hypothèse d'une grande méconnaissance de ce sujet.

Les termes de « discrimination » ou de « laïcité » sont des mots valises, auxquels chaque personne donne un sens différent... Beaucoup de représentations subjectives sont ainsi données à certaines notions.

Pourtant, dans chacun de ces deux principes juridiques, il est question d'égalité de traitement, d'égalité entre citoyens, d'équilibre entre les droits et les devoirs, pour permettre que la liberté des uns commence là où s'arrête celle des autres. Comme dans le jeu Tétris, c'est une recherche d'équilibre et d'emboîtement. La liberté des uns ne doit pas empiéter sur celle des autres.

Il est vrai qu'il existe néanmoins un décalage entre l'universalité et l'objectivité de nos textes juridiques et leur application concrète. Un certain déni des réalités existe. La première fois que le terme a été utilisé dans un discours politique, il s'agissait de l'intervention télévisée de Jacques Chirac, alors président de la République, lors des émeutes urbaines de 2005, à la suite de la mort des jeunes Zyed et Bouna à Clichy-sous-Bois (Seine-Saint-Denis).

C'est comme si le simple fait de reconnaître qu'il puisse exister des discriminations revenait à admettre une défaillance totale des politiques d'insertions et de formations. De plus, résumer l'existence des discriminations aux problématiques des quartiers populaires est réducteur. Les critères d'origine réelle ou supposée, de patronyme, de lieu de résidence, de couleur de peau et d'appartenance ou non à une nation ou une ethnie ne sont que six des vingt critères prohibés de discrimination[1]. Les derniers rapports annuels du Défenseur des Droits démontrent que le plus grand nombre de litiges concernent les critères de sexe et d'âge...

Du point de vue du terrain, il est aujourd'hui démontré que nommer la réalité des problèmes rencontrés pour les identifier, les analyser et y apporter des réponses est la meilleure voie à suivre.

Depuis quelques années, de nombreux professionnels se forment et mettent en œuvre des référentiels de lutte contre les discriminations, de gestion de la laïcité et des revendications cultuelles. Qu'il s'agisse d'animateurs,

---

1. Les autres sont : le sexe, la grossesse, la situation familiale, l'état de santé, le handicap, les caractéristiques génétiques, les mœurs, l'orientation sexuelle, l'identité sexuelle, l'âge, les opinions politiques, les activités syndicales et l'appartenance ou non à une religion.

d'éducateurs, de managers ou de salariés, tous se réapproprient l'idée qu'il est important de séparer ce que l'on aime ou pas, ce que l'on pense ou pas, ce que l'on croit ou pas (notre subjectivité) de ce qui est attendu de nous quand on est au travail, dans la vie professionnelle (posture objective).

On peut penser que les femmes sont émotives, que les « Noirs » sont en retard, que les personnes handicapées ne sont pas utiles, que les jeunes ne sont pas fiables et qu'une personne habitant en Seine-Saint-Denis ne peut pas être chef sécurité d'une entreprise de convoyeur de fonds. Cependant, si le refus pour accéder à un entretien, un nouveau poste, une formation, un stage, un logement, etc., est motivé par l'un de ces critères et que le responsable n'est pas capable de démontrer qu'il s'est appuyé sur des « éléments objectifs, extérieurs à toute discrimination », il pourra être poursuivi et condamné pour acte discriminatoire.

Cela signifie que lorsque l'on laisse ses propres opinions faire la loi à la place de la justice, on peut devenir un délinquant et avoir un casier judiciaire. Car la discrimination n'est pas une opinion ; c'est un délit.

L'égalité, la liberté et la fraternité sont des valeurs indispensables. Elles impliquent des droits et des devoirs qu'il faut faire vivre tous les jours. La lutte contre les discriminations et l'attente d'une égalité de traitement sont portées par des textes juridiques contraignants mais récents : il est important de contribuer à cette culture commune et à sa transmission.

▶ Jean-Louis Bianco

Les discriminations que subissent certains jeunes dans l'accès au travail, à un logement, aux loisirs, ou face aux forces de l'ordre les conduisent souvent à ne pas se sentir pleinement défendus par une République qui est pourtant la leur. Citoyens du pays, comme tous les autres, ils ont des droits et des devoirs et doivent être en mesure de se faire entendre.

Les attentats de janvier ont été l'occasion d'une prise de conscience que je crois sincère de l'ensemble de nos élus, quelle que soit leur appartenance politique. Nous-mêmes, à l'Observatoire de la laïcité, n'avons de cesse de dire que la laïcité ne peut être effective que si nous luttons contre toutes les formes de discriminations, qu'elles soient urbaines, sociales, ethniques ou de genre. Jean Jaurès affirmait en 1904 : « La République doit être laïque et sociale, mais elle restera laïque parce qu'elle aura su rester sociale. »

Bien loin des discours incantatoires, nous devons assurer une égalité effective des droits et des devoirs pour tous et partout. La Cour des comptes a par exemple critiqué en 2012 la répartition des moyens alloués aux établissements scolaires. Cela a été pris en compte et les mesures prises par la ministre de l'Éducation nationale vont dans le bon sens.

▶ Samuel Grzybowski

Les droits ont deux niveaux : un niveau théorique et un niveau effectif. La France a la chance d'avoir au moins atteint le premier stade. Notre législation repose profondément et toujours plus sur l'égalité de tous les citoyens.

Tout l'enjeu est de rendre ces droits effectifs et opérationnels.

J'ai beaucoup voyagé, notamment pour faire un tour du monde des initiatives interreligieuses et j'ai réalisé la chance que nous avions de vivre en France. Contrairement à beaucoup de pays, nous attendons beaucoup de l'État comme s'il pouvait résoudre tous les problèmes. Mais nous disposons d'une vraie société civile, c'est-à-dire d'une société avec des associations libres, des opinions, des débats dans la presse. La société civile doit prendre son rôle dans l'obtention des droits réels. J'admire ceux qui le font déjà et je pense qu'il faut les soutenir. Je pense au collectif « Stop le contrôle au faciès » qui est en première ligne pour empêcher les abus des contrôles de police. Je pense aux associations étudiantes politiques ou confessionnelles. À chacun de prendre sa place.

Avec Coexister, nous avons voulu alerter face aux possibles dérives législatives de la laïcité qui aurait pu être invoquée pour discriminer. Avec l'Observatoire de la laïcité, nous avons obtenu que cette laïcité ne puisse être invoquée pour exclure. Quand on veut quelque chose, quand on demande un droit, quand on sait ce qu'on attend, il faut y croire, le dire, le défendre, le promouvoir jusqu'à obtenir gain de cause. C'est ça, la démocratie.

Pourquoi les synagogues sont-elles protégées par les forces de l'ordre et pas les mosquées ?

« Les Juifs ont été persécutés dans l'histoire de France avec notamment la déportation. La France pense avoir une dette envers eux. Les synagogues et les Juifs sont souvent les cibles d'attaques. Les mosquées aussi sont attaquées, tout comme les musulmans, mais il n'y a pas d'égalité à ce niveau. Mais je n'aimerais pas qu'il y ait la police devant ma mosquée, ça me ferait peur. »

Majda, 18 ans

« Je ne savais même pas ça. J'avais vu que les synagogues étaient protégées mais je pensais que c'était pareil pour les mosquées. En même temps, il n'y a que les Juifs qui ont été victimes d'un attentat ? Qu'est-ce que risquent les musulmans aujourd'hui ? »

Tom, 18 ans

« Les mosquées ne sont pas protégées ou moins par les forces de l'ordre car il y a un amalgame avec, notamment, les événements récents qu'il y a pu avoir et il existe un sentiment de "haine" des Français qui est bien sûr totalement injustifié car les mosquées, maisons de recueil pour les musulmans, ne doivent pas être mises dans le même panier que certains actes. »

Thomas, 17 ans

▶ Lylia Bouzar

Majda, Thomas et Tom ont l'impression que l'État donne plus d'importance à la protection des synagogues qu'à celle des mosquées.

Majda pense que la France se sent redevable auprès de la communauté juive après sa collaboration, sous le régime de Vichy entre 1940 et 1944, avec l'idéologie nazie et sa participation à la déportation des Juifs français dans les camps d'extermination. Thomas se demande si cela ne vient pas du fait que l'on confonde musulmans et terroristes. Quand à Tom, il questionne le degré d'exposition des musulmans au risque d'attaque terroriste.

Tout d'abord, il est impossible de nier que les Juifs ont été particulièrement visés dans les attaques terroristes récentes en France et en Europe. Depuis des années, les discours radicaux terroristes désignent en particulier les Juifs parmi les « infidèles » qu'il faut exterminer. Toutes les idéologies fascistes ayant conduit à des massacres au nom d'une vérité fantasmée sont porteuses de messages de déshumanisation (les proies ne sont pas considérées comme des humains à part entière) et de droit à prendre la vie des « impurs » (puisque ce ne sont pas des humains, on peut les tuer sans mauvaise conscience). Le nazisme a fonctionné exactement sur le même schéma. Seule la « race aryenne » méritait de vivre. Les autres devaient disparaître.

Dans tous les discours de haine, il faut désigner un coupable, un « autre » qu'il est « légitime », « normal » d'éradiquer. Pour prouver que l'on a prêté allégeance, il faut atteindre cette cible. Ainsi, après avoir éliminé un

« infidèle », on peut mourir en « héros » ayant accompli son « devoir ».

En mars 2012, Mohamed Merah, après avoir tué trois militaires, a pris pour cible finale une école privée juive. Il a tué des enfants et un professeur. En mai 2014, Mehdi Nemmouche est le premier suspect d'une tuerie contre des touristes du Musée juif de Bruxelles. En janvier 2015, Amédy Coulibaly a assassiné quatre clients juifs de l'Hyper Casher de la porte de Vincennes. N'oublions pas qu'il est d'ailleurs soupçonné, avant d'avoir pris en otage et d'avoir tué plusieurs clients de l'Hyper Casher, d'avoir envisagé de s'en prendre à une école juive de Montrouge, près de Paris. C'est à quelques mètres de cette école qu'il a abattu la jeune policière en service.

Ajoutons que si les personnes de confession juive ont été particulièrement visées par les attentats terroristes, des musulmans l'ont été également en tant que tels comme ces trois soldats abattus par Mohamed Merah à Montauban. Ils étaient en effet considérés par ce dernier comme des traîtres à la cause défendue par les terroristes en s'étant mis au service de l'armée d'un État « mécréant ».

Au regard de ces événements, on peut comprendre que le gouvernement protège tout particulièrement les écoles juives et les synagogues. Par ailleurs, devant la montée, depuis les attentats de début janvier, d'actes antimusulmans (agressions verbales et physiques, vandalisme, etc.) et les menaces lancées contre les églises, le gouvernement a également mis les principaux lieux de cultes français sous un dispositif vigipirate élevé et a nommé un préfet chargé de coordonner la sécurité des sites confessionnels, y compris des mosquées devant lesquelles stationnent également policiers et militaires.

Cependant, compte-tenu de l'absence de visibilité de ces actes anti-musulmans dans les médias, beaucoup de musulmans ont le sentiment qu'ils ne peuvent être considérés que comme coupables d'agressions et jamais comme victimes. Certains se sentent moins protégés...

▶ Jean-Louis Bianco

Les synagogues ont tout de suite été protégées dans la mesure où, lors des attentats du début de l'année, des Français ont été assassinés parce qu'ils étaient juifs. Mais les actes contre les Français de confession musulmane ont fortement augmenté et les mosquées sont elles aussi protégées. Il y a également eu un projet d'attaque contre une église catholique en avril dernier, à Villejuif. 20 000 policiers, militaires et gendarmes sont actuellement mobilisés pour protéger les lieux cultuels, toutes confessions confondues. Nous devons condamner toutes ces agressions avec la plus grande fermeté. Il n'y a pas de hiérarchisation dans la protection que la République doit garantir à chacun. Tous les Français, quelles que soient leurs origines ou leurs confessions, doivent pouvoir se sentir en sécurité.

▶ Samuel Grzybowski

La protection des synagogues était une nécessité urgente du fait de l'assassinat de Français au nom de leur appartenance à la communauté juive. En 2015, soixante-dix ans après la capitulation des nazis, des gens continuent d'être assassinés parce qu'ils sont juifs. Les lieux de culte juifs sont réellement menacés par une poignée de fanatiques certes peu nombreux mais réellement dangereux.

En revanche, je regrette qu'il ait fallu attendre si longtemps pour protéger les mosquées. Il y a eu beaucoup trop d'attaques, d'incendies, de tirs sur les lieux de cultes musulmans qui au final ont été protégés alors que le mal était fait. Avec Coexister, nous avons voulu témoigner de notre amitié à toutes les communautés menacées en allant déposer des cœurs et des messages de soutiens (« Vous êtes ici chez vous ») sur les lieux de culte. Je sais que cela a ému le cœur de beaucoup de nos compatriotes qui ont pleuré de joie en découvrant ces gestes au petit matin devant leur centre cultuel. Là encore, c'est à chacun d'agir à son échelle, tout en alertant sur ce qu'il est nécessaire de faire.

Pourquoi ne dit-on pas que les premières victimes des djihadistes sont des musulmans ?

« Ils essayent de nous faire croire que les djihadistes tuent uniquement des non-musulmans. C'est de la manipulation de l'information pour nous laisser entendre que les terroristes musulmans sont les seuls ou les plus nombreux à commettre des actes terroristes et que ce sont donc eux qui tuent le plus. »

Maeva, 16 ans

« C'est plus facile de faire croire que ce sont les musulmans contre les autres. J'ai déjà entendu dire que les musulmans étaient les premières victimes par contre. C'est important de montrer que le problème ce n'est pas l'islam mais la violence en général. Qu'elle se fasse au nom de l'islam ou au nom de quoi que ce soit, la violence se fonde toujours sur la bêtise. »

Igor, 17 ans

« Les djihadistes sont des personnes qui se revendiquent musulmans et agissent au nom du Coran, d'Allah et de la religion musulmane plus généralement. La plupart des gens font alors un amalgame entre musulmans et djihadistes pour ainsi les catégoriser comme source de terreur et de tristesse ! Les musulmans sont donc les premières victimes car ils sont bafoués et ces personnes salissent cette reli-

gion. En dehors des victimes au niveau "physique", il y a les musulmans qui sont stigmatisés. »

Thomas, 17 ans

▶ Lylia Bouzar

Le massacre des musulmans civils syriens, irakiens, libyens, nigérians ou algériens a été relaté par quelques médias. On peut trouver certains reportages, vidéos, témoignages. À l'époque du Groupe islamique armé (GIA) en Algérie dans les années 1990, ou lors de l'attaque récente des mosquées de Sanaa au Yémen, il s'agissait de musulmans. Les civils syriens et irakiens, pour la plupart de confession musulmane, ont été obligés de quitter leur maison, de s'entasser dans des camps aux frontières turques ou irakiennes pour tenter de survivre. Ceux qui n'ont pas fui ont souvent été assassinés ou ciblés par des attentats à la bombe.

Il est vrai que pour l'Irak, le scandale médiatique a éclaté lorsque les terroristes de Daesh ont commencé à tuer des chrétiens et des yézidis. On peut estimer qu'avant cela, lorsqu'ils ont massacré les civils musulmans, personne n'en a parlé suffisamment fort, un peu comme s'ils se "tuaient entre eux" et que cela ne nous regardait pas...

Mais Maeva, Igor et Thomas ont raison : les premières victimes de ces mouvements terroristes – et fascistes – sont bien les musulmans de ces pays. Personne n'est épargné : femmes, enfants, bébés, hommes. Armés ou désarmés. Au combat ou dans leurs maisons. Dans un lieu de culte ou dans la rue.

Par définition, un mouvement fasciste recherche la « pureté ». Ses militants souhaitent établir un nouvel ordre mondial où les êtres humains seraient tous les mêmes, avec les mêmes pensées, les mêmes objectifs. Les partisans de Daesh et d'Al-Qaïda haïssent la diversité, la pluralité et le dialogue.

Seuls ceux qui vont prêter allégeance à ces mouvements seront épargnés. Il faudrait reconnaître que Daesh possède la « Vérité » pour espérer survivre. Il faut accepter ses règles, les soutenir financièrement et participer au combat en guise de preuve concrète de soutien à la cause. À défaut, celui qui ne fait pas allégeance devient un « traître », un « infidèle » qu'il faut éliminer. Ce n'est même plus un être humain, c'est un insecte qu'il faut écraser. Musulmans sunnites ou chiites, chrétiens yézidis ou kurdes, juifs, athées : tout le monde est anéanti.

Nous assistons donc à un double phénomène de purification :

– la purification interne : on nettoie la communauté musulmane de ses infidèles ;

– la purification externe : on extermine tous ceux qui n'accepteront pas de porter allégeance, y compris sa propre famille si nécessaire.

Le propos de Thomas est donc très juste : les musulmans sont finalement doublement victimes des groupes terroristes. Ils en sont la cible physique mais aussi la cible virtuelle. En se revendiquant eux-mêmes comme de vrais musulmans, les terroristes détournent un texte sacré (le Coran) et ils en manipulent le contenu pour assouvir leur soif de massacres et de pouvoir.

Néanmoins, bien souvent, ces terroristes fascistes réussissent à se faire passer pour de simples musulmans orthodoxes pendant qu'aux yeux d'une partie de l'opinion publique les musulmans normaux sont perçus comme de potentiels terroristes... Pourtant, l'amalgame profite toujours aux terroristes ! Pendant que l'on hésite, ils assassinent et détruisent tout sur leur passage.

▶ Jean-Louis Bianco

Oui, c'est vrai, les premières victimes des actes « djihadistes » sont les musulmans. C'est le cas pour plus de 80 % des victimes selon une étude publiée par la BBC à la fin de l'année 2014. Cela constitue une faiblesse potentielle pour ces mouvements terroristes qui prétendent combattre au nom de l'islam. C'est aussi pour cette raison qu'ils mettent en scène, de façon particulièrement horrible, les exécutions d'otages non musulmans et évitent de faire de la « publicité » autour des autres victimes.

L'islamisme radical s'est nourri de toutes les contradictions, de toutes les influences, de toutes les misères, de toutes les inégalités et de tous les conflits non réglés depuis trop longtemps, notamment au Proche et Moyen-Orient. Mais l'islamisme radical n'a rien à voir avec l'islam. Nous devons refuser les amalgames et les confusions. Lassana Bathily, employé de l'Hyper Cacher qui a sauvé plusieurs clients en janvier dernier, est musulman. Lors de sa naturalisation, le Premier ministre Manuel Valls a déclaré à son propos : « Vous êtes un des visages de cette France en l'honneur de laquelle ont défilé près de quatre millions de Français. »

Les Français de confession musulmane ont les mêmes droits et les mêmes devoirs que tous les citoyens. Ils doivent être protégés. La laïcité y concourt car elle respecte toutes les religions. Comme l'a dit le président de la République François Hollande, tous les citoyens français doivent se savoir unis, protégés, respectés comme eux-mêmes doivent respecter la République. Les victimes de l'attentat contre *Charlie Hebdo* étaient de toutes confessions et le policier Ahmed Merabet, par exemple, était musulman.

► **Samuel Grzybowski**

C'est une information primordiale et il faut le dire et le redire. Les groupuscules terroristes qui tuent au nom de l'islam ont choisi un vecteur efficace en 2015 : une religion peu connue en Occident, des pays qui souffrent d'immenses difficultés socio-économiques, etc. La violence n'a ni religion ni culture. La violence n'est que la violence et elle ne naît que d'elle-même. Répondre à la violence par la violence est un cercle vicieux et la seule solution est de briser ce cercle infernal. Gandhi en parle très bien, soulignant le fait que la violence ne repose sur aucune base théorique et que rien ne la justifie.

Les terroristes qui se présentent comme des combattants d'un djihad dont ils sont les seuls à détenir la définition tuent en premier lieu des musulmans en Syrie, en Irak, au Yémen… L'imam d'Al-Azhar que j'ai rencontré au Caire en Égypte m'a rappelé à quel point l'islam est en première ligne contre le terrorisme, d'abord pour empêcher des usurpateurs de se revendiquer de l'islam. C'est d'ailleurs le sens de la lettre des 120 savants musulmans contre le terrorisme. « Vous avez fait à tort de l'islam une religion de dureté, brutalité, torture et meurtre. [...] C'est une grosse erreur et une offense à l'islam, aux musulmans et au monde entier. »

Pourquoi les assassinats de quatre personnes juives et de trois soldats dont un de confession musulmane par Mohamed Merah en avril 2012 à Toulouse et à Montauban n'ont pas suscité la même mobilisation et la même indignation que les attentats qui ont fait dix-sept victimes en janvier 2015 à Paris ?

« C'est pas vrai, j'ai l'impression qu'on a parlé de Merah pendant des semaines, des mois, des années. Je trouve que la réaction était la même. C'est vrai que Charlie, c'était la deuxième fois alors les gens ont été plus nombreux à se mobiliser parce qu'il y a un peu un ras-le-bol. »

Adam, 15 ans

« Je pense qu'à force de parler de la Shoah tous les ans à l'école on est un peu habitués à voir que des Juifs se font tuer. C'est triste, mais c'est vrai. On ne se rend même plus compte que c'est aussi grave que les autres. »

Nicolas, 16 ans

« Moi je me souviens pas de 2012, j'avais seulement 11 ans. Je croyais presque que Charlie et l'Hyper Cacher c'est la première fois qu'il y avait la guerre en France depuis 1945. »

Nicolas, 14 ans

▶ Lylia Bouzar

J'ai le souvenir qu'au départ, les trois attaques isolées de soldats par Mohamed Merah ont mis du temps à être reliées entre elles et interprétées comme une attaque terroriste. Par conséquent, elles sont passées quasiment inaperçues. C'est au moment de l'attaque de l'école juive, contre enfants et professeurs, que le diagnostic s'est imposé à tous : un acte terroriste. Dans ma mémoire, comme dans celle d'Adam, ces attaques ont provoqué un grand effroi et une vraie tristesse. La foule n'est pas descendue dans les rues à ce moment-là, c'est un fait. Pas plus qu'en 1995 pour les attentats de Saint-Michel, l'attentat de Saint-Quentin-Fallavier le 26 juin 2015 ou lors d'autres actes tout aussi ignobles...

Pourquoi y a-t-il eu cette mobilisation nationale après les attentats contre *Charlie Hebdo* ? Peut-être à cause de l'accumulation des actes inacceptables ? Ou parce que les dessinateurs de *Charlie Hebdo* étaient considérés, pour beaucoup, comme des emblèmes de la liberté d'expression et du refus de la peur... ? J'ose espérer qu'il ne s'agit en aucun cas d'une banalisation d'actes antisémites, comme si la société française pouvait à nouveau s'habituer à la mort d'hommes, de femmes ou d'enfants en raison de leurs confessions. La mobilisation est difficile. Parfois, elle s'impose à soi. Parfois, il y a besoin que quelqu'un d'autre ouvre la voie pour que l'on s'y engouffre tous, soulagés de pouvoir tenir enfin cette place. C'est ce qui s'est passé en janvier dernier. Je vois la mobilisation du mois de janvier comme une union nationale, de tous les timides et les anonymes, ayant enfin réussi à dire « même pas peur » et « non au terrorisme » qui emporte nos enfants, nos familles, nos voisins, quelles que soient leurs origines et leurs confessions.

▶ Jean-Louis Bianco

Les attentats de Mohamed Merah d'avril 2012 ont suscité une vraie indignation mais, c'est un fait, celle-ci n'a pas été accompagnée de la considérable mobilisation populaire qui a fait suite aux attentats de janvier 2015. Plusieurs raisons peuvent l'expliquer.

Le président de la République François Hollande a immédiatement annoncé une journée de deuil national le 8 janvier, avant même la fin des évènements. Nicolas Sarkozy ne l'avait pas fait en 2012, période qui, par ailleurs, était très particulière puisque nous étions en pleine campagne présidentielle. Mais si l'absence de mobilisation ne signifie pas l'indifférence, on ne peut pas nier que cela donne le sentiment d'une société française qui traiterait différemment les Français de confession juive. Cela questionne profondément l'état de notre vivre-ensemble, d'autant que d'autres « communautés » confessionnelles ou culturelles sont également victimes d'une certaine ostracisation.

En ce sens, le travail que fait sur le terrain Latifa Ibn Ziaten pour promouvoir le vivre-ensemble et le dialogue interreligieux (en particulier entre juifs et musulmans) est remarquable. Mère d'un militaire de confession musulmane assassiné par Mohamed Merah, elle incarne cette France qui doit refuser tout ce qui la divise. Les attentats de janvier 2015 ont touché des personnes de professions et de confessions différentes. C'est peut-être une raison de plus expliquant la mobilisation des Français qui, dès lors, se sont tous sentis visés par ces attaques. Mais cela n'efface évidemment pas la trop faible mobilisation observée en 2012.

▶ Samuel Grzybowski

Je crois qu'il est en effet très important de regarder les choses en face et d'assumer le fait que la mobilisation de janvier 2015 n'avait rien à voir avec celle de mars 2012. Je pense en effet, comme le dit Nicolas, qu'il y a une sorte de cynique accoutumance à voir les Juifs pris pour cible. C'est un ami juif qui m'a exprimé cette notion de banale habitude au lendemain des attentats de janvier. On parle en effet plus souvent du judaïsme de façon dramatique, dans le cadre de l'étude de la Shoah à l'école, que de façon positive, en laissant de ce fait dans l'ombre l'immense patrimoine et héritage dont cette communauté est dépositaire depuis des millénaires. Du coup, le fait que des Juifs soient tués parce que Juifs a tendance à se banaliser dangereusement.

Je pense aussi que malheureusement, la culture majoritaire en France renvoie encore et toujours la communauté juive à une notion d'altérité. Quand des Juifs meurent en France, ce sont « les autres ». Quand un journaliste meurt, c'est l'identité de la France qui est touchée pour les Français et donc, « c'est nous ». Par exemple, le slogan « Je suis Charlie » a fleuri dès les premières secondes » tandis que le slogan « Je suis Juif » a été plus rare. Cette difficulté à ressentir de l'empathie pour ces « autres » que sont les Juifs témoigne d'un échec considérable du rêve français d'intégration. Cela doit profondément nous questionner sur notre modèle culturel.

En revanche, je pense qu'il faut évoquer quelques éléments de contexte qui contribuent aussi à changer la dynamique de mobilisation. En 2012, nous étions en pleine campagne présidentielle et l'attention politique, médiatique et sociétale était toute entière tournée vers le scrutin du 6 mai. En 2015, nous sommes au milieu du mandat présidentiel, sans enjeux politique particulier.

Il faut aussi prendre en compte la logique de répétition. La première fois, les Français ont été choqués. Qu'ils aient été bouleversés la seconde fois est assez logique.

PARTIE 4

Un complot ? Les rumeurs d'Internet sont-elles des informations ?

Les attentats djihadistes contre les dessinateurs de *Charlie Hebdo* et contre les clients du l'Hyper Casher de la porte de Vincennes sont-ils le résultat d'un complot ?

« Selon moi, l'Hyper Casher n'est pas un complot, et Charlie Hebdo *non plus. Mais il y a des zones d'ombre dans cette histoire. »*

Abd-Al-Aziz, 17 ans

« Non ! Non... Franchement. C'est une connerie ça. Enfin, je ne pense pas. Il y a toujours des gens qui cherchent la théorie du complot pour expliquer les situations. Il faut se rendre à l'évidence. Ce sont des terroristes. Les terroristes voulaient diviser les gens et c'est à nous de ne pas tomber dans le piège. »

Nicolas, 16 ans

« On voit passer beaucoup de vidéos sur le complot. Je trouve que c'est quand même assez bien fait. Parfois, j'ai envie d'y croire. »

Romain, 16 ans

Pourquoi personne ne conteste la prétendue existence des cinq « indices » d'un complot : la non-arrestation préalable d'hommes réputés dangereux, la carte d'identité abandonnée, la rue déserte, la mort des meurtriers sous les balles du GIGN, le rétroviseur, etc. ?

« C'est difficile de parler de complot parce qu'on ne peut jamais en être sûr tant qu'il n'est pas prouvé. Si les médias avaient émis sérieusement l'hypothèse que c'est un complot avec des preuves, je pense que beaucoup y auraient songé. »

Achrafy, 16 ans

« Ce sont des conneries. Il y a des failles, c'est clair. Je ne connais pas les détails, mais je fais confiance à la police, sinon on ne vit plus. Je pense que la pièce d'identité c'était volontaire pour envoyer un message. S'il y a un échange de tirs, il peut y avoir des victimes. Les terroristes sont prêts à tout, ils meurent toujours avant d'être arrêtés. Au pire, ils se suicident. »

Jérôme, 17 ans

« Il y a beaucoup plus de preuves supplémentaires que c'est un complot. On nous cache toujours la vérité dans ce genre de situation, pour des raisons de sécurité. »

David, 15 ans

Comment se fait-il que les attentats soient survenus au moment où la cote de popularité de François Hollande était au plus bas ?

« Je ne pense pas que cela ait un lien direct avec François Hollande ; certaines personnes pourraient le penser parce que tout le monde voit des complots partout. »

Majda, 18 ans

« Ah ouais... Les gens, ils partent loin dans leur tête. Franchement, c'est ridicule. Je comprends qu'on veuille des explications précises et tout. Mais faut pas exagérer. »

Jules, 17 ans

« Je n'en sais rien. Franchement, c'est vrai que c'est étrange. »

David, 15 ans

▶ Lylia Bouzar

Les trois questions de ce chapitre tournent autour des mêmes préoccupations : que s'est-il réellement passé à Paris début janvier 2015 ? Comment une telle attaque a-t-elle été possible en plein Paris ? Pourquoi des hommes dangereux et repérés auparavant ont-ils pu échapper aux radars des forces de l'ordre ? J'entends, aussi bien dans les questions que dans les pistes de réponses des jeunes, un besoin d'éclaircissement et de transparence. Au fond, nous aimerions tous et toutes être au courant des détails de ce type d'affaire. Cela nous effraie et nous révolte. Maîtriser des éléments permettrait peut-être de mieux les comprendre ?

Il s'agit de faire appel à son esprit critique, à son libre arbitre. Cela ne peut qu'être encouragé. Pour ce faire, il est important de creuser un sujet à partir de sources différentes, de supports divers et d'auteurs pluriels. Pour définir ce que l'on pense, il faut être capable d'entendre toutes les opinions et leurs argumentations afin de se forger sa vision propre.

Mais douter ne signifie pas construire des contre-vérités. Des propagandes fausses ne servent que ceux qui en tirent un intérêt. Cet objectif a été nommé par Nicolas dans sa réponse : la stratégie des terroristes, comme des extrémistes, est de diviser pour mieux régner. Ils sèment le soupçon pour troubler les jeunes. Ils savent qu'un jeune qui n'a plus confiance en les adultes, en sa famille, en les institutions de son pays sera plus facile à endoctriner car il cherche d'autres réponses à ses questions. Ils profitent notamment de la période bien fragile de l'adolescence pour manipuler les consciences.

Les discours terroristes se présentent alors comme étant les seuls à pouvoir donner la réponse « véridique », la voie « pure ». Menteurs et manipulateurs, ils se font passer pour les héros de la lutte contre le mensonge. Dans leurs vidéos de propagande, au milieu d'images répétitives, hypnotiques, les fonds musicaux et les textes appellent au « réveil des endormis ». Ceux qui adhèrent à leur propagande deviennent les élus car ils ont réussi à se réveiller de la torpeur des « infidèles ». Ils ont entendu la vérité. Ils ont un destin spécial qui les attend et ne se laisseront plus manipuler par les soi-disant complotistes (francs-maçons, Juifs, Opus dei, reptiliens et autres consorts fantasmés). Ils sont désignés comme étant ceux qui vont avoir la force de les combattre.

Romain a raison : ces vidéos sont très bien faites. Elles fascinent. Elles sont réalisées à partir de technologies très développées et elles reprennent les standards des grands films d'action à succès. Il faut d'ailleurs reconnaître qu'au départ, elles s'appuient sur des éléments plutôt avérés : le massacre des enfants syriens sans l'intervention internationale, les scandales agro-alimentaires, écologiques ou pharmaceutiques, les grands mystères ou mensonges de l'histoire... Qui n'a pas été interpellé par la présence d'aluminium dans les vaccins censés soigner ? Le problème des ondes téléphoniques sur le développement cérébral ? Le scandale de l'amiante ? Ou le maintien de la commercialisation de médicaments malgré des rapports incitant à leur retrait ? Qui ne s'est pas demandé pourquoi un avion est tombé sur le Pentagone sans que l'on ne retrouve les débris ? Ou encore comment un Georges W. Bush a-t-il pu mentir sur la présence d'armes en Irak et avoir le droit de faire la guerre ? Qui n'a pas eu le ventre noué devant des images d'enfants affamés dans d'autres pays du monde alors que nous gaspillons nourriture et eau ? Qui ne s'est pas révolté face à la misère, aux mal-logés, aux conditions de vie des pays les plus pauvres du monde ?

Il semble important d'admettre une chose : nous ne saurons jamais tout. Des « zones d'ombres » comme le dit Abd-Al-Aziz, il y en aura toujours. Des omissions ou mensonges pour couvrir des erreurs ou des décisions douteuses aussi. Des arrangements pour faire passer des intérêts personnels ou ceux de ses proches au-dessus de l'intérêt général également. La nature humaine est ainsi faite. Les gens mentent et tentent de se couvrir.

Cependant, plus on avance dans la vie, plus on se rend compte que certains combats occupent une place prioritaire chez chacun. Certains deviennent avocats, docteurs, infirmiers, journalistes, enseignants, animateurs, éducateurs, militaires, policiers, formateurs, ingénieurs, écrivains, acteurs, musiciens ou experts. D'autres donnent du temps bénévole, participent à des chantiers humanitaires ou créent des mouvements. Enfin, certains s'engagent en politique, militent pour des causes et tentent de faire évoluer les lois...

S'engager, sous une forme ou une autre, est une belle façon de ne pas se sentir impuissant. Mais se cacher derrière un écran pour construire et diffuser anonymement des théories fumeuses n'est rien d'autre qu'une preuve de lâcheté.

▶ Jean-Louis Bianco

Les théories du complot sont habituelles lors d'événements marquants. Elles visent toujours à démontrer qu'un petit groupe de gens puissants se coordonnerait en secret pour planifier et entreprendre des actions visant à renforcer leur « pouvoir ». Ces théories existent depuis des siècles. Après la Révolution française, par exemple, un abbé catholique, Augustin Barruel, affirmait déjà que celle-ci avait été organisée par la franc-maçonnerie française et des libres penseurs allemands… Ceci pour en contester l'impact et la légitimité.

À l'heure d'Internet et des réseaux sociaux, ces théories du complot se diffusent de façon virale à une vitesse considérable et chacun y ajoute son bout de théorie, son analyse personnelle, sans même connaître les faits. Ces théories prennent donc une envergure et un écho qu'il est difficile, voire impossible, de maîtriser.

Pour ce qui concerne les attentats de janvier, elles se sont appuyées sur une multitude d'affirmations quant à des détails prétendument « louches ». En réalité, toutes ces affirmations ont été démontées et aucune ne résiste à un examen minutieux des faits. On sait que les réseaux terroristes eux-mêmes se servent des « théories du complot » pour enrôler les jeunes en les persuadant qu'ils sont les « élus », c'est-à-dire les seuls à pouvoir comprendre la réalité du monde… C'est une technique classique qu'il est difficile de contrer car ces jeunes sont souvent seuls face à leur écran d'ordinateur. Ils n'entendent plus qu'une seule version. L'Éducation nationale a pris conscience du problème et il y aura donc, au sein des programmes scolaires, une formation sur l'utilisation d'Internet et sur les médias, pour introduire une lecture critique et distanciée des contenus.

▶ Samuel Grzybowski

Il y a quelques mois, l'équipe télévisée du *Petit Journal* a présenté une série intéressante sur le complot. Ils ont montré qu'à partir d'une thèse précise, aussi loufoque soit-elle, on pouvait toujours « prouver » qu'il y avait un complot. C'est ce qu'on appelle le sophisme.

Quand on a des conclusions solides, on peut toujours trouver des arguments qui viennent les «justifier». Le problème, c'est qu'un raisonnement rigoureux doit reposer sur des arguments. Aucune théorie du complot n'est conçue de façon honnête et toutes sont donc en réalité facilement démontables.

Tous les drames peuvent donner lieu à un imaginaire qui laisse penser au complot. C'est tout à fait normal. Le before du *Grand Journal* a quant à lui « prouvé » que *Star Wars* était un complot du monde arabe. Les prétendus indices du complot dans l'affaire Charlie ont tous des explications rationnelles. Les réactions de Majda, Jérôme et Nicolas le prouvent. Quand on réfléchit cinq minutes, on en arrive toujours à la même conclusion. Il y a des choses que l'on ignore, c'est certain. Mais c'est une question de sécurité, non de complot. Pour des raisons évidentes, on ne peut en effet dévoiler publiquement l'avancement de l'enquête, car les terroristes pourraient bénéficier de telles informations. Le reste, on le sait, et on en apprend beaucoup dans un pays avec une liberté de la presse comme le nôtre.

PARTIE 5

Les religions et les lois de la République. L'exercice de la laïcité au service du vivre-ensemble

Pourquoi les élèves n'auraient-ils pas le droit d'exprimer leurs convictions religieuses et politiques à l'école ?

« L'Éducation nationale a peut-être peur que ça crée des groupes communautaires et/ou politiques au sein des établissements et engendre des tensions entre groupes politiques et/ou religieux. Pour la religion, je pense qu'au contraire elle devrait être intégrée à l'école car c'est une partie de l'identité de beaucoup d'élèves. »

Philippe, 16 ans

« C'est la laïcité, non ? Je ne suis pas pour le fait qu'on cache sa religion à l'école. Une fille de ma classe enlève son voile quand elle rentre. Je ne vois pas l'intérêt. Moi je n'enlève pas mon écouteur dans l'oreille. J'aimerais bien que quelqu'un qui est chrétien puisse venir avec une grosse croix qui clignote, tant que je ne suis pas obligé de me convertir, je ne vois pas le problème, on n'est pas idiots. »

Quentin, 18 ans

« Je pense qu'il faut créer une unité républicaine dès le plus jeune âge. À l'école, les enfants ne sont pas encore totalement éduqués et il peut y avoir un rejet de l'autre ou des conflits à cause de la différence. Cela permet aussi un enseignement plus facile car par exemple certains ne croient pas aux hommes de Néandertal et s'il fallait

créer un programme scolaire pour tous, cela serait très difficile, donc il y a aussi une utilité à la neutralité. »

Caroline, 17 ans

▶ Lylia Bouzar

Au départ, seuls les professeurs de l'Éducation nationale avaient le devoir de ne pas montrer leurs convictions religieuses, politiques et/ou philosophiques, au nom d'une obligation de neutralité qui incombe à tous les fonctionnaires.

En ce qui concerne les élèves, une loi existe depuis 2004[1]. Elle est donc très récente. Elle oblige les élèves des établissements scolaires publics, du primaire jusqu'à la terminale, à ne pas manifester leurs convictions religieuses, ni par des signes religieux, ni pas des tenues religieuses.

Comme le relèvent Philippe et Caroline, si une loi a été votée, c'est que les députés ont estimé qu'il y avait un lien entre un certain nombre de tensions et la visibilité des signes religieux dans les établissements scolaires.

Auparavant, des consultations ont été menées et une commission – la commission Stasi – a été mise en place. Ses membres ont auditionné des proviseurs, des conseillers principaux d'éducation, des professeurs, des parents, des élèves, des personnalités, des référents religieux et des responsables politiques... Ils ont cherché

---

1. Loi n° 2004-228 du 15 mars 2004 encadrant, en application du principe de laïcité, le port de signes ou de tenues manifestant une appartenance religieuse dans les écoles, collèges et lycées publics.

à évaluer si la présence de signes religieux visibles (bijoux, foulard, kippa, turban) était réellement une source de prosélytisme, de pressions entre élèves et de refus de suivi des programmes scolaires. Jusque-là, le droit européen[2] et le Conseil d'État[3] avaient précisé que le prosélytisme suppose un comportement, une action et, par conséquent, qu'un signe religieux en lui-même ne peut pas être prosélyte.

Mais il s'agissait ici d'une situation particulière : des mineurs à l'école. On parle aussi de personnes vulnérables. Les périodes de l'enfance puis de l'adolescence sont des temps de construction importants pour devenir de futurs adultes et l'État souhaite leur garantir toutes les conditions d'un développement de libre pensée, d'esprit critique et de libre arbitre.

Le besoin était de comprendre si le port d'un signe religieux engendrait des pressions sur les élèves qui n'en portaient pas : on appelle cela une atteinte à la liberté de conscience d'autrui. Ils voulaient aussi vérifier si cela n'entravait pas le bon déroulement de l'enseignement : on appelle cela l'entrave à l'ordre public.

De nombreux témoignages de jeunes filles de confession musulmane qui ne portaient pas de foulard ont illustré qu'elles pouvaient être interpellées par certains garçons, qui estimaient qu'elles ne cachaient pas leurs cheveux parce qu'au fond, elles souhaitaient les séduire... D'autres jeunes mettaient en avant leurs

---

2. Convention européenne de sauvegarde des droits de l'Homme, article 9.
3. Avis du Conseil d'État de 1989 sollicité par Lionel Jospin, alors ministre de l'Éducation nationale.

convictions religieuses pour refuser de suivre des cours d'histoire, de dessin, de musique ou de sport... Au lieu de prendre des sanctions disciplinaires fortes envers les jeunes élèves qui entravent la liberté des autres ou le bon fonctionnement des cours, les membres de la commission ont estimé que l'interdiction des signes religieux par la loi mettrait fin à ces comportements.

Oter la visibilité des signes religieux a peut-être aidé à ne pas rendre visibles les différences confessionnelles entre élèves, mais cela n'a pas réglé le comportement grave et inacceptable de certains jeunes qui tentent d'échapper aux règles communes de respect à l'école en mettant en avant des préceptes religieux se référant bien souvent de façon sommaire à l'islam.

Plus que jamais, pour garantir la liberté de conscience de chacun, il faut gérer et réprimer un comportement irrespectueux, même lorsqu'il est soit disant commis au nom d'une religion...

▶ Jean-Louis Bianco

Les élèves conservent leur liberté de conscience à l'école et ont le droit de parler de religion. En revanche, ils n'ont pas le droit de porter de signe manifestant ostensiblement leur appartenance religieuse depuis la loi du 15 mars 2004. Celle-ci a été justifiée par la nécessité de préserver les enfants et les jeunes de pressions qu'ils subiraient, y compris par d'autres élèves, dans l'acquisition des bases du savoir, afin qu'ils puissent ensuite faire librement leurs choix. Par cette loi, il s'agit aussi de prévenir à l'école les conflits entre ceux qui porteraient un signe religieux et ceux qui ne le porteraient pas, ainsi que le prosélytisme qui pourrait naître de cette expression de convictions religieuses.

Il faut aussi rappeler qu'avant toute sanction en raison d'un port de signe religieux, la loi a instauré une procédure de dialogue, notamment avec la famille, afin que les règles applicables soient bien comprises. Il s'agit donc d'une mesure de dialogue et non de répression.

▶ Samuel Grzybowski

En tant que citoyens, nous avons la garantie de pouvoir exprimer nos convictions partout : à l'école, au travail, dans la rue. Il y a bien sûr des métiers qui exigent un devoir de réserve, mais à part cela chacun est libre de faire état de ses convictions personnelles en public ou en privé, collectivement ou individuellement. Les droits de l'Homme et la laïcité le garantissent. Depuis 2004, on a fait un peu l'inverse des Anglo-Saxons. Eux ont un uniforme scolaire obligatoire tandis que nous avons l'obligation de ne pas porter de vêtements à caractère religieux en cours. On passe 30 heures en cours par semaine, sur plus de 120 heures éveillés (sans compter les soirées). Je ne trouve pas cela dramatique de faire cet effort un quart de notre temps. Le tout pendant moins de 40 semaines par an. L'école nous apprend le sens critique mais en famille, entre amis, en vacances, nous pouvons encore montrer notre religion comme nous le voulons. Tant que la liberté de présenter sa foi ou sa conviction n'est pas entravée, je ne suis pas gêné par la loi de 2004.

En revanche, si une telle loi était envisagée pour l'université, alors je serais bien davantage choqué. La laïcité, c'est la neutralité de l'État, pas la neutralisation des individus. Quand des jeunes étudiants sont majeurs et conscients des enjeux, je ne vois pas de mal à ce qu'ils montrent leur religion via un vêtement particulier. C'est leur libre arbitre qui est en jeu.

Si les professeurs doivent être neutres, pourquoi les élèves seraient-ils obligés de l'être ?

« Les professeurs doivent rester neutres plus que les élèves car ils ont une influence sur nous et notre éducation, et s'ils ne se montrent pas neutres cela peut peut-être les pousser à manipuler ou influencer leurs élèves. »

Maeva, 16 ans

« Ce n'est pas pareil : un professeur est là pour éduquer et faire passer un message au nom de l'État. Il a un statut important. Les élèves ne devraient pas être neutres, je pense. Le danger, c'est le prosélytisme des professeurs. Nous en parlons beaucoup entre nous. »

Louis, 18 ans

« Si chacun est différent et que les élèves ne sont pas encore formés "à la différence", cela pourrait être vu comme une forme de provocation. Or pour éviter cela et créer les citoyens de demain il faut avoir un socle commun pour avoir une meilleure unité républicaine. »

Caroline, 17 ans

▶ Lylia Bouzar

Maeva, Louis et Caroline ont tout à fait raison. La neutralité d'un professeur est reliée à son statut professionnel de fonctionnaire et à sa mission spécifique d'enseignant. Il y deux niveaux qui conditionnent cette obligation d'invisibilité des convictions politiques, philosophiques et religieuses d'un enseignant de l'Éducation nationale.

Tout d'abord, puisque l'enseignant est fonctionnaire, cela signifie que son « patron » est l'État. Lorsque les élus de la République française votent le 9 décembre 1905 la loi de séparation entre les Églises et l'État, leur volonté est que l'État soit indépendant et autonome. Ils veulent qu'il soit un interlocuteur pour l'ensemble de ses citoyen(ne)s, quelles que soient les convictions, les origines ou les croyances de ces derniers. L'État doit être accessible à toutes et tous, selon les mêmes conditions. Il doit donc incarner l'égalité de tous devant la loi. On dit aussi que l'État doit être impartial. Et pour cela, il a très vite imposé que ses salariés (fonctionnaires, agents territoriaux, etc.) soient neutres car, pendant leurs journées de travail, ils le représentent. Un agent de l'État, quels que soient son ancienneté, son métier, son âge, ses responsabilités ou son secteur d'activité, doit rendre invisible tout ce qui pourrait traduire ses convictions politiques, philosophiques et religieuses. C'est aussi pour rassurer les usagers que le fonctionnaire n'affiche pas ses convictions. Ainsi, un élève musulman ne se dit pas que le professeur le note mal parce qu'il est athée et un élève athée ne se dit pas que le professeur le note mal parce qu'il est catholique, etc. En résumé, on ne doit rien voir et ne rien entendre. Les enseignants sont sous ce régime, sauf ceux qui travaillent pour des établissements privés.

Par ailleurs, la période que l'on passe à l'école est longue dans une vie. L'école est obligatoire de six à seize ans. Pour la majorité, elle démarre à trois ans et se termine après des études supérieures. La vie commence au sein des établissements scolaires. Les professeurs rencontrés, les discussions et les contenus construisent les consciences de demain. Un enseignant a une place fondamentale auprès des enfants ou jeunes. Il s'agit de périodes de perpétuels apprentissages, découvertes, déceptions, fragilités et questionnements.

L'enseignant n'est pas recruté pour apprendre aux élèves à penser comme lui. Il a pour ambition que ses élèves apprennent à analyser, rechercher, exprimer et argumenter leur propre raisonnement, par eux-mêmes. C'est ce que l'on appelle la construction d'un esprit critique ou le développement d'un libre arbitre.

Si un enseignant devait profiter de sa place et de sa fonction pour transmettre ses propres convictions, sa vision du monde, ce serait plus que du prosélytisme ou de l'abus de pouvoir, mais de l'endoctrinement et de l'abus de faiblesse...

► Jean-Louis Bianco

En effet, même si les professeurs conservent leur liberté de conscience, ils sont soumis à une obligation de neutralité. Celle-ci s'applique d'ailleurs à tous les agents publics et à toute personne concourant à une mission de service public. La neutralité des professeurs n'est pas uniquement d'apparence, mais aussi intellectuelle, ainsi que le rappelle la charte de la laïcité à l'école dans son article 11 : « Les personnels ont un devoir de stricte neutralité : ils ne doivent pas manifester leurs convictions politiques ou religieuses dans l'exercice de leurs fonctions. » Les enseignants doivent être impartiaux et se poser à égale distance de tous les élèves. Ils doivent s'abstenir de toute attitude qui pourrait être perçue comme une marque d'adhésion ou au contraire comme une critique à l'égard d'une conviction personnelle.

Les élèves, quant à eux, ne sont pas soumis à une stricte neutralité. Comme je l'ai dit plus haut, il leur est demandé de ne pas manifester ostensiblement, par un signe ou une tenue, leur appartenance religieuse. Il s'agit de les préserver de pressions qu'ils subiraient dans l'acquisition des bases du savoir, y compris par d'autres élèves, afin qu'ils puissent ensuite faire librement leurs choix.

▶ Samuel Grzybowski

La neutralité des professeurs garantit la liberté et l'égalité des élèves. S'ils avaient une préférence religieuse visible, vous pourriez vous sentir discriminés en fonction de votre correspondance ou non avec l'identité de votre professeur. Comme je l'expliquais plus haut, les élèves ne sont pas soumis à la neutralité. La loi de 2004 ne concerne que le vêtement pour des raisons assez évidentes de vivre-ensemble.

Le prosélytisme existe dans toutes les religions. Pourquoi serait-il blâmable dans l'espace public ?

« Le prosélytisme existe dans toutes les religions et je pense qu'il est dangereux car il peut entraîner de la méfiance envers les religions et leurs pratiquants. »

Abd-Al-Aziz, 17 ans

« Comment ça, le prosélytisme existe dans les religions ? Ça dépend de quoi on parle. Le prosélytisme c'est avec la violence ou juste avec les idées ? Je ne m'étais jamais posé la question, mais pour moi les affiches politiques c'est du prosélytisme politique. Quelle différence avec le prosélytisme religieux ? Chacun défend sa chapelle. »

Baptiste, 17 ans

« Parce qu'en France, la religion est souvent héritée des parents et donc les gens y accordent beaucoup d'importance mais si dans la rue les gens nous invitent à rejoindre une autre religion ils vont se sentir manipulés et donc moins ouverts à l'autre et il faut aussi dire qu'en France il y a un passé anticlérical assez fort et qui est encore présent aujourd'hui chez certaines personnes. »

Caroline, 17 ans

Lylia Bouzar

Comme le souligne Abd-Al-Aziz, le prosélytisme existe effectivement dans toutes les religions. La définition de ce terme signifie qu'un individu ou un groupe produit un discours pour tenter de convaincre une autre personne de rejoindre sa vision du monde, ses croyances. Un synonyme de prosélytisme pourrait être « publicité ». On fait la pub du meilleur produit auquel il faut adhérer pour être « sauvé » ou pour accéder à une « vérité ».

Donc, pour répondre à Baptiste, le prosélytisme est une démarche qui a pour objectif de rallier l'autre à ses idées. L'exemple des affiches politiques est juste car effectivement, il s'agit bien de faire la promotion d'un programme pour que des électeurs soient convaincus et votent.

Attention, comme pour chaque liberté, il y a des limites.

Lorsque l'on se situe dans le registre de la vie quotidienne, donc de la vie en société, le discours prosélyte est autorisé tant qu'il respecte la liberté de conscience et la liberté d'expression. En revanche, si l'on peut tenter de convaincre son interlocuteur, on ne doit ni le contraindre ni le harceler. À défaut, cela pourra être interdit ou condamné.

Plus concrètement, cela signifie que j'ai le droit de mettre un stand devant l'entrée du RER parisien et de proposer aux passants de discuter avec moi pour leur démontrer la puissance du dieu auquel je crois. Mais il m'est interdit de menacer, d'insulter ou de poursuivre celui ou celle qui ne se sera pas arrêté(e) pour prendre le tract que je lui tendais.

S'il y a un comportement violent qui s'ajoute à un discours prosélyte, il s'agit d'une agression ou d'un comportement terroriste, tels que les mouvements d'embrigadement ou d'endoctrinement « djihadistes ». Ces derniers ne cherchent pas à convaincre l'autre. Ils utilisent les techniques des dérives sectaires pour capturer la conscience de leurs proies, les transformer en robots incapables de penser, afin de les conduire à mourir à leur place sur des terrains de guerres et pour des enjeux économiques et géopolitiques.

▶ Jean-Louis Bianco

Le prosélytisme n'est pas interdit sur la voie publique. Il n'existe pas de délit de prosélytisme. En revanche, il doit être condamné lorsqu'il est accompagné de menaces physiques et psychiques ou de pressions pour obliger quelqu'un à adhérer à une croyance. Par ailleurs, à l'école, comme le rappelle l'article 6 de la charte de la laïcité, « la laïcité de l'école offre aux élèves les conditions pour forger leur personnalité, exercer leur libre arbitre et faire l'apprentissage de la citoyenneté. Elle les protège de tout prosélytisme et de toute pression qui les empêcheraient de faire leurs propres choix ». Ce qui est aussi le cas dans l'entreprise privée ou dans les services. Par exemple, on ne peut pas, à l'école, distribuer de tracts religieux. On ne peut pas non plus refuser un cours ou le contester en mettant en avant des arguments religieux.

▶ **Samuel Grzybowski**

Le prosélytisme a déjà fait l'objet de condamnations dans le cadre de l'école mais pas sur la voie publique. Un comportement notoirement prosélyte, c'est-à-dire visant à convertir quelqu'un, porte atteinte à la tranquillité si ce n'est à la liberté de celui qui en est la cible. Au-delà du désagrément qu'il peut causer, le prosélytisme est un véritable danger pour le vivre-ensemble car il témoigne d'un sentiment contraire au respect. Il faut accepter l'autre tel qu'il est dans sa singularité et le respecter là où il en est. La volonté de convertir présuppose que l'autre fasse mauvaise route. Quoi de plus insultant que de juger ainsi le parcours et la vie des autres ?

Le deuxième danger du vivre-ensemble est le syncrétisme, ce mouvement qui vise à fusionner les identités pour créer une seule et unique identité commune. Cette tentative d'uniformisation de la société est un vrai danger pour l'équilibre de la cohésion. Une société a besoin d'être plurielle pour être unie. C'est d'ailleurs la devise de l'Union européenne. Nous sommes « unis dans la diversité ».

Pourquoi interdit-on aux mamans musulmanes qui portent un foulard d'accompagner les sorties scolaires ?

« Je suis pour le voile qui montre le visage mais pas le voile intégral. Je pense que ce n'est pas nécessaire qu'elles enlèvent leur voile pour accompagner des enfants en sortie car la règle de l'école qui dit que les jeunes filles portant le voile doivent l'enlever pour aller en cours est applicable et est faite pour les élèves à l'intérieur de l'établissement. Je ne comprends donc pas pourquoi on le leur interdit. »

Abd-Al-Aziz, 17 ans

« Il y a une forme de statut éducatif dans la présence des mamans peut-être ? Après, un professeur et une maman, c'est différent. Enfin, j'en sais rien. »

Thibaut, 16 ans

« J'ai un peu de mal à comprendre pourquoi on les en empêche parce que même si elles portent le voile elles restent des mères d'élèves qui peuvent rendre service et à la différence des professeurs elles ne sont pas des représentantes de l'État : elles ne sont donc pas obligées d'être neutres. »

Caroline, 17 ans

▶ Lylia Bouzar

Les points soulevés par Caroline, Thibaut et Abd-Al-Aziz résument bien tout le débat qui a existé sur ce sujet. Quel est le statut d'un parent lorsqu'il accepte de donner de son temps pour permettre aux enfants de faire une activité extérieure ?

À l'origine de ce débat, il y a la publication au *Journal officiel*, le 2 mars 2011, d'une circulaire du ministre de l'Éducation nationale d'alors, Luc Châtel. Il rappelle que les établissements scolaires publics ont un devoir de neutralité. Il souligne également que la même obligation est faite aux élèves qui ne peuvent pas afficher leurs convictions. Ainsi, il estime que les parents qui accompagnent les sorties scolaires doivent se plier aux mêmes règles de fonctionnement, car ils concourent à l'exercice du service public.

Très rapidement, des associations de défense des droits des parents d'élèves se créent et essentiellement des associations de mamans de confession musulmane. Elles se sentent particulièrement empêchées de se porter volontaires si elles portent un foulard, car à la différence d'un bijou, un foulard ne peut pas se cacher sous un autre vêtement. Elles dénoncent la circulaire et affirment qu'elles ne peuvent être associées à la fonction publique alors que leur premier rôle est d'être la maman d'un élève. Elles veulent avoir le droit, comme tous les autres parents, d'accompagner leurs enfants au cinéma ou à la piscine si l'enseignant en a besoin.

Récemment, Najat Vallaud-Belkacem, lorsqu'elle est devenue à son tour ministre de l'Éducation nationale, a déclaré que la règle est bien que les mamans voilées sont avant tout des parents d'élèves et non des fonctionnaires. Elle mentionne par contre que si un parent a un discours ou un comportement prosélyte vis-à-vis des enfants accompagnés, il lui sera signifié qu'il ne pourra plus encadrer des sorties scolaires.

Les mamans portant un foulard peuvent donc se proposer pour encadrer des sorties scolaires. Refuser leur proposition au nom de cette ancienne circulaire serait par conséquent illégal car la visibilité d'un signe religieux, quel qu'il soit, n'est pas et ne peut pas être considérée comme un acte de prosélytisme en tant que tel.

► Jean-Louis Bianco

La réponse de Caroline est très juste. Ici, ce sont des parents d'élèves qui, accompagnant des enfants en sorties scolaires, ne doivent pas se voir appliquer la neutralité des agents publics puisqu'ils ne sont pas représentants de l'État. Les mères qui portent le foulard, comme tout autre parent qui porterait un autre signe religieux, peuvent donc accompagner les sorties scolaires dès lors qu'il n'y a pas, de leur part, de prosélytisme.

► Samuel Grzybowski

Les parents ne sont pas soumis à la neutralité de service public. Ce que je regrette, c'est que ces débats aient toujours tournés autour du foulard alors qu'il existe une très grande pluralité d'expression des signes religieux même s'ils sont moins visibles que le voile musulman. Encore une fois, il revient à chacun d'avoir un sens critique à la lecture de l'information.

Le vrai problème, c'est qu'en allant trop loin dans les mesures de neutralité liée au service public, on risque de toucher au point fondamental des libertés individuelles. Le cas des mamans voilées en est l'illustration.

Pourquoi des responsables politiques veulent-ils interdire le port du foulard à l'université ?

« Je suis contre, car cela voudrait dire qu'on pourrait priver une partie de la population de faire des études supérieures. Les femmes voilées ont déjà du mal à trouver du travail et cette loi pourrait les décourager à continuer leurs études qui de toute manière ne leur permettront pas de trouver du travail facilement à cause de leur voile encore une fois. Ça ne dérange personne à l'université et ça a toujours fonctionné comme ça alors pourquoi l'interdire maintenant ? Ce n'est pas nécessaire. »

Maeva, 16 ans

« C'est toujours à cause de la "soi-disant" laïcité selon eux. Mais je ne pense pas que ce soit vraiment ça la laïcité. Je trouve que ça devient du n'importe quoi. Parfois ça me fait peur. Genre il faudrait qu'on s'habille tous pareil dans la rue à la fin ? Franchement je me sens mieux quand je vais à Berlin, on est plus libres. En France, tout le monde se cache et ça crée des tensions. »

Pauline, 17 ans

« C'est je pense plus politique qu'autre chose mais on peut voir ça comme une volonté d'éviter que ces filles se fassent agresser car il y a de plus en plus d'actes islamophobes en France surtout envers les femmes car elles sont plus "visi-

bles" ou "reconnaissables". Mais je ne pense pas que l'interdiction soit la meilleure des façons de stopper la montée de la haine envers les musulmanes. »

Caroline, 17 ans

▶ Lylia Bouzar

Il y a plusieurs points soulevés par Caroline, Pauline et Maeva qui méritent notre attention.

L'ouverture du débat sur la compatibilité entre le port du foulard et l'université donne le sentiment d'un certain acharnement contre le foulard aujourd'hui en France. La question est légitime compte-tenu du fait qu'on ne parle plus cette fois de population dite « vulnérable » car il s'agit d'étudiantes majeures dans le cadre de cursus supérieurs… Le problème, c'est qu'on ne parle que des signes religieux et non pas des comportements.

Pourquoi ce débat s'ouvre-il depuis plusieurs mois alors que pendant de nombreuses années, il y a eu des jeunes filles voilées sur les bancs de l'université, des IUT, des BTS et mêmes des grandes écoles ?

Cela amène à se demander si l'on perçoit le risque de marginaliser et de stigmatiser des jeunes femmes voulant se doter de diplômes pour avoir une future vie professionnelle et intellectuelle… ? Comme le dit Pauline, recherche-t-on une uniformisation des profils ? Maeva souligne d'ailleurs avec raison que le port du foulard est déjà bien difficile dans le cadre de la recherche d'un emploi ou de l'exercice d'une mission dans une entreprise de droit privé.

Affirmer le droit de porter un foulard à l'université ne conduit pas pour autant à accepter n'importe quel comportement. Il y a des individus, étudiantes ou étudiants qui, au nom d'une religion qu'ils interprètent à leur guise, créent un disfonctionnement dans certains campus : privatisation de salle pour effectuer des prières collectives, refus de certains contenus d'enseignements, phénomènes de clans à l'intérieur des amphithéâtres, comportements prosélytes, refus de saluer ou de parler à des professeurs hommes ou femmes, insultes...

Tout ceci existe. Tout ceci est inacceptable. Tout ceci doit cesser.

Cependant, pourquoi valider le comportement de quelques individus comme étant représentatif d'un ensemble ?

L'ensemble de nos dispositifs juridiques permet déjà la gestion de ces problèmes. Appliquons-les ! Et n'enfermons pas les musulmans dans un groupe homogène, défini en leur place et nom. L'amalgame profite toujours aux radicaux qui se font passer pour des musulmans orthodoxes. Encore une fois, ne nous arrêtons pas sur la visibilité d'un signe religieux mais travaillons davantage sur la gestion des comportements qui créent de vraies difficultés.

► Jean-Louis Bianco

Certains voudraient en effet étendre l'application de la loi du 15 mars 2004 aux universités. La commission Stasi, qui en est à l'origine, avait pourtant écarté cette hypothèse. Je pense que ce serait dévoyer la laïcité que de développer la neutralité religieuse partout en son nom. L'université est un lieu de savoir et de libres débats. À l'université, nous avons affaire à des adultes qui sont libres de leurs choix. Par ailleurs, loin d'« émanciper » les jeunes femmes voilées, comme le disent les partisans de cette possible loi, cela renforcerait leur sentiment de stigmatisation dans une société qui les rejette. On n'émancipe pas par la force ! On ne peut pas priver des individus de leur liberté parce qu'ils ne l'utiliseraient pas comme certains souhaiteraient qu'ils le fassent.

Samuel Grzybowski

Je trouverais cela scandaleux et inconscient d'engager un tel débat dans la société actuelle. Rien ne justifie une telle décision. Les élèves de l'université sont des citoyens à part entière, des adultes formés par l'école de la République, des majeurs conscients et aptes au discernement. Les droits de l'Homme rendent impossible une telle idée.

On citera par exemple les trois articles suivants :

– Déclaration des droits de l'Homme et du citoyen de 1789, art. 10 : « Nul ne doit être inquiété pour ses opinions, même religieuses, pourvu que leur manifestation ne trouble pas l'ordre public établi par la loi. »

– Déclaration universelle des droits de l'Homme de 1948, art. 18 : « Toute personne a droit à la liberté de pensée, de conscience et de religion ; ce droit implique la liberté de changer de religion ou de conviction ainsi que la liberté de manifester sa religion ou sa conviction seule ou en commun, tant en public qu'en privé, par l'enseignement, les pratiques, le culte et l'accomplissement des rites. »

– Convention européenne des droits de l'Homme, art. 9 : « Toute personne a droit à la liberté de pensée, de conscience et de religion ; ce droit implique la liberté de changer de religion ou de conviction, ainsi que la liberté de manifester sa religion ou sa conviction individuellement ou collectivement, en public ou en privé, par le culte, l'enseignement, les pratiques et l'accomplissement des rites. »

Si demain, cette question était sérieusement débattue, je commencerais une grève de la faim et je sais que je ne serais pas le seul.

Comment se fait-il que la connaissance des religions ne soit pas possible à l'école ?

« Parce que la France se dit laïque et donc selon la laïcité en France on ne peut pas parler de religion à l'école. D'après eux, c'est un danger. Ils ont certainement peur de devoir faire face à des questions trop compliquées et profondes auxquelles ils ne sauront peut-être pas répondre. »

Abd-Al-Aziz, 17 ans

« Quoi ? Mais c'est faux ça. On a un cours de culture religieuse au collège. Mais peut-être que dans le public il n'y en a pas ? Moi je trouve ça cool. Je comprends mieux les religions qui ne sont pas les miennes. Ça ne m'empêche pas de croire en ce que je veux. »

Augustin, 18 ans

« Je trouve cela dommage. Lorsque je disais que les élèves n'était pas encore "formés" à la différence et que donc on devait être neutre, on pourrait empêcher ça en enseignant la connaissance et surtout le respect des religions, apprendre aux enfants à ne pas rejeter l'autre simplement parce qu'il est différent. Mais cela pourrait alourdir le programme scolaire des enfants et c'est peut-être plus aux parents de donner cet enseignement à leurs enfants. »

Caroline, 17 ans

▶ Lylia Bouzar

Le débat consiste à faire la différence entre deux notions qui ne sont pas similaires : enseignement de l'histoire des religions ou connaissance des religions.

D'un côté, on va se placer sur le registre de l'histoire commune, des mythes, des récits et des événements fondateurs : quelles ont été les premières formes de croyances divines ? Quelle est la différence entre le polythéisme et le monothéisme ? Quand et dans quelles conditions est apparu le premier monothéisme ? Quelles ont été les circonstances et les conditions des arrivées des autres monothéismes ? Quelles grandes périodes de conquêtes, de paix, de développement ou de recul ont parcouru les cultes ? Etc.

De l'autre côté, on se situe dans le contenu d'un dogme, dans l'interprétation de textes sacrés. Cela signifie qu'un enseignant, qui est un individu avec sa propre subjectivité, transmettrait alors sa propre conception et compréhension de ce qu'une religion demande. Cela reviendrait à imposer une grille de lecture.

En France, on ne souhaite pas qu'un enseignant devienne un juge de conscience. Il n'est pas missionné pour transmettre à ses élèves ce qu'il pense, ce qu'il aime, ce qu'il croit. Il a la responsabilité de leur donner de nombreux repères, à partir de diverses sources, pour leur permettre d'avoir des connaissances et de développer leur propre esprit critique. De plus, les élèves seraient obligés de se diviser en groupes selon la religion à laquelle ils adhèrent... On reviendrait donc à un temps ou les individus sont distingués en fonction de leurs croyances...

Il ne s'agit donc pas d'avoir peur de ne pas savoir répondre à des questions trop compliquées ou profondes, comme le questionne Abd-Al-Aziz. Il importe de ne pas influencer les élèves à partir de ce que penserait un professeur sur un culte donné. Et il s'agit de ne pas créer d'étiquettes entre les jeunes.

Comme le souligne Caroline, les parents ont par contre le droit fondamental de transmettre à leurs enfants une vision du monde. Il s'agit d'un héritage de valeurs et de filiation. Les parents possèdent l'autorité parentale. Ils décident de transmettre à leur descendance ce qui leur est cher. Ils peuvent décider d'inscrire leurs enfants dans des écoles privées qui vont avoir au programme des cours de religions. Ils peuvent aussi simplement les inscrire dans des ateliers hebdomadaires à l'église, à la mosquée ou à la synagogue du quartier. Ou encore, au lieu de passer le mercredi au centre social, ils peuvent les inscrire chez les scouts.

Le rôle de l'école publique n'est pas d'initier à la pratique d'un culte. L'école publique est universelle. Elle accueille et respecte toutes les consciences de ses élèves. L'objectif est de transmettre des valeurs de tolérance et de respect, comme Augustin le souligne.

▶ Jean-Louis Bianco

En réalité, l'enseignement des faits religieux est déjà prévu dans le programme scolaire. Il a lieu principalement en histoire, en lettres ou dans les matières artistiques et ne fait pas l'objet d'un enseignement à part. En histoire, il est surtout étudié en classes de sixième, cinquième et seconde, notamment pour ce qui concerne la naissance et le développement des trois religions monothéistes, qui sont capitales pour la compréhension des aires géographiques concernées. En français, il s'agit de mettre en liaison les textes étudiés et leur apport religieux. En effet, il y a des textes avec une présence ponctuelle du religieux (de simples références), des textes organisés autour d'une dimension religieuse et les textes religieux, qui ont un apport littéraire et culturel fort. Cet enseignement reste trop souvent marginal, alors qu'il est pourtant capital dans nos sociétés actuelles. De plus, il est toujours axé sur le passé. Il ne prend pas en compte les réalités religieuses contemporaines, comme si, finalement, le fait religieux appartenait au passé.

L'Observatoire de la laïcité soutient donc le renforcement de la formation des enseignants sur ces sujets afin qu'ils soient armés pour répondre aux interrogations que cet enseignement peut susciter. Il faut aussi prendre en compte les faits religieux contemporains dans leur aspect historique, anthropologique et sociologique. Il ne s'agit pas, bien sûr, de dispenser des cours de religion, mais bien d'expliquer l'influence du religieux dans nos sociétés actuelles et sa réalité. L'Éducation nationale travaille à ces évolutions.

► Samuel Grzybowski

Pour moi comme pour Coexister, il n'y a pas d'autre alternative qu'un véritable enseignement laïque du fait religieux. Je pense que cela doit faire l'objet d'un enseignement à part comme dans certains pays. L'école vise à comprendre le réel. Or le fait religieux dans le monde d'aujourd'hui fait partie du réel ; il en est même parfois au centre. Selon *Le Monde* du 18 janvier 2013, plus de 84 % des êtres humains pratiquent régulièrement une religion ou ont une culture avec des formes de religiosités. Enseigner la religion ne veut pas dire établir un catéchisme. Il faut distinguer le *croire* et le *savoir*. L'enseignement de la foi doit rester l'apanage des communautés qui assurent elles-mêmes la transmission de leurs principes et traditions. En revanche, je crois profondément que l'école doit donner des outils pour comprendre les composants objectifs d'une religion : son histoire, ses codes, son culte, son credo. Il n'y a pas besoin de théologiens pour cela.

Je rêve que dans vingt ans nous ayons des professeurs de fait religieux formés pour cela et capables de parler de religions avec une approche scientifique qui fasse sortir la religion de la sphère privée et qui la mette aussi dans le bain de la critique académique. Toute l'Europe le fait déjà.

Table des matières

Mise en page : Le vent se lève...

Achevé d'imprimer sur les presses
de Corlet Imprimeur 14110 Condé-sur-Noireau
N° éditeur : 6458 – N° fab. : 6683 – N° imprimeur : 174327
Dépôt légal : septembre 2015
Imprimé en France